TELLIAMED
OU
ENTRETIENS
D'UN PHILOSOPHE INDIEN
AVEC UN MISSIONNAIRE FRANÇOIS

Sur la Diminution de la Mer, la Formation de la Terre, l'Origine de l'Homme, &c.

Mis en ordre sur les Mémoires de feu M. de M***.

Par J. A. GUER. Avocat.

TOME SECOND.

A AMSTERDAM.
Chez L'honoré & Fils, Libraires.

M. DCC. XLVIII.

TELLIAMED,
OU
ENTRETIENS
SUR LA
DIMINUTION DE LA MER.
TOME DEUXIE'ME.

QUATRIE'ME JOURNE'E.

Examen des différens Systêmes sur l'origine & la nature des corps marins, trouvés dans l'intérieur de nos Montagnes.

LES pluies ne sont jamais de durée en Egypte; un Ciel pur en peu d'heures, succéda à l'orage, qui nous

A

avoit séparés la veille, & nous donna le lendemain un des plus beaux jours.

 Telliamed fut fidéle au rendez-vous ; & reprenant d'abord la conversation du jour précédent, je vous parlois hier, me dit-il, d'un de vos Philosophes modernes, à qui le système que je vous développe ici n'avoit point été inconnu, & qui ôsa le soutenir dans la capitale même de la France. Lorsque j'étois à Paris, continua t-il, on me fit voir un ouvrage anonyme composé par un autre Philosophe de ces derniers tems ; il avoit pour titre : (Nouvelles conjectures sur le globe de la Terre.) L'Auteur y assure, qu'en examinant les parties intérieures du globe, il n'est pas possible de douter, qu'il ne soit un composé de plusieurs couches de limons arrangées, les unes sur les autres par les eaux des riviéres, des matiéres dont elles sont toujours chargées au moins d'une dix-sept centiéme partie, & que ces riviéres enlévent des lieux plus exhaussés, pour les déposer ensuite dans leur débordement sur les terres voisines de leurs lits, ou dans le fond des mers où elles se rendent : que le globle de la terre n'étoit originairement composé que d'une croûte platte formée de ces dépôts : que cette croûte très mince, puisqu'il ne lui donne pas plus de deux mille trois cents quatre-vingt dix toises d'épaisseur, renferme au dedans un air très-subtil, & est maintenue par le poids du double atmosphére, dont elle est environnée & pressée de part & d'autre, en dehors & en dedans : que cet équilibre ayant cessé au tems du déluge, cette croûte fut brisée & crevassée ; & que ses débris nageant alors dans le liquide des mers, comme les nuées nagent dans l'air, & les glaçons dans les eaux, s'étoient entassés les uns sur les autres, & accumulés de sorte, en certains endroits, qu'ils avoient formés des élévations de part & d'autre de cette croute : que delà étoient sorties nos montagnes : que par cette soustraction faite à la surface de la croûte de la terre des piéces dont les montagnes furent alors formées, il resta des vuides dans cette croûte, tels qu'il y en a peut-être, dit-il, de deux à trois cens lieues de diamétre : que c'est par ces ouvertures, que les mers de l'une & de l'autre surface se communiquent aujourd hui entr-elles : qu'elles entrent par les Poles dans la capacité du globe ; & que tournant autour de son intérieur en ligne spirale, elles en ressortent entre les Tropiques : que ce sont les entrées de ces eaux de la surface extérieure dans l'intérieur, & leur sortie de l'intérieur à l'extérieur, qui donnent lieu au flux & reflux de la mer, plus sensible dans un endroit du globe que dans l'autre, suivant la position & la grandeur des passages, par où ces mers entrent & sortent.

L'Auteur ne croit pas cependant, qu'il y ait rien d'animé au dedans du globe, excepté les poissons qui nagent dans les mers. Du reste il est persuadé qu'il y pleut, & qu'il s'y trouve plusieurs rivières, dont la surface intérieure du globe est arrosée, & qui par leurs débordement répandent des limons sur ses terrains. Il y admet aussi plusieurs volcans, qui doivent entretenir une douce chaleur dans cette capacité, & croit que les rayons du Soleil passant au travers des vitres d'eau de ces grandes fenêtres, dont cette croûte est percée, y transmettent encore leur influence favorable. Sur ces principes, on ne voit pas pourquoi cet

Auteur s'est arrêté en si beau chemin, & n'a pas doué ce monde intérieur de la production de toutes les choses qu'on voit en celui-ci, même des animaux & des hommes. En effet, en admettant son opinions, il est très vraisemblable qu'il y en a.

La preuve qu'il apporte de l'épaisseur qu'il attribue à la croûte de la terre, est tirée de la mesure de l'élévation où se tient le mercure dans un Baromètre, à proportion qu'on l'éléve au-dessus de la surface de la mer, ou qu'on l'abaisse au-dessous d'elle. Par cette expérience il est constant, que le Mercure jetté à la mer dans un des endroits où elle perce d'un des côtés de la croûte à l'autre, resteroit suspendu à onze cens quatre-vingt quinze toises; ce qui établit le milieu ou le centre de ces deux surfaces, sans comprendre dans cette épaisseur l'élévation des montagnes, dont il y en a de quinze cens toises de hauteur. Il explique aussi la raison pour laquelle les mers contenues dans les deux surfaces intérieure & extérieure du globe ne peuvent abandonner le lit qu'elles occupent, en quelque position que se trouve le globe, en tournant chaque jour sur lui-même. Cela arrive, dit-il, à la faveur de l'extrême vîtesse, avec laquelle la terre est emportée d'Occident en Orient. C'est ainsi que l'eau d'un verre attachée à une corde mue circulairement avec rapidité ne quitte point le fond du verre, quoique la bouche soit tournée du côté du centre de la terre, ou vers l'horison.

Les divers mouvemens de la Terre pendant son circuit annuel autour du Soleil étoient sur-tout expliqués en ce Traité avec autant de netteté que de brieveté. Je suis persuadé que si l'Auteur, dont l'érudition & les découvertes méritent une estime infinie, eût pû être instruit de ce qui se passe dans le sein de la mer, ou qu'il eût donné plus d'attention aux corps étrangers & marins, que nos terrains renferment, il auroit aisément reconnu qu'ils étoient uniquement son ouvrage, & que pour en expliquer l'origine, il n'auroit pas été obligé de recourir à un système aussi peu naturel que le sien.

Réfutation de ce sentiment.

En effet on ne peut d'abord comprendre, comment un balon plein d'air aussi vaste que la Terre, se seroit formé ; de quelle matière seroit sortie cette vessie commençante, & quel auroit été le souffle assez puissant pour l'enfler au point d'étendue que nous connoissons. Nous sçavons que les enfans forment des bouteilles ou vessies, en soufflant dans un chalumeau dont un bout aura trempé dans une eau grasse. Mais si la boule de la Terre avoit été au commencement formée de cette sorte d'une matiére onctueuse, par le moyen d'un vent impétueux qui auroit soufflé dedans, comment ses foibles parois se seroient-elle soutenues contre les rayons du Soleil, qui la poussoient avec tant de violence, qu'en moins d'une heure ils lui faisoient faire des millions de lieues?

Mais quelle qu'ait été l'origine de cette vessie, comment s'est elle fortifiée dans la suite par les diverses couches de matiéres, que l'Auteur reconnoît avoir été ajoutées à sa premiere enveloppe de celles que les riviéres voituroient? Les riviéres n'ont pû exister que lorsqu'il y a eu des terrains propres à recueillir les eaux des pluies, & à les conduire à la mer. Il n'a pas même été possible qu'il y eut des pluies; s'il n'y avoit auparavant des mers, des lacs ou des marais, où les eaux des pluies fuſſent puiſées. Les riviéres n'ont pû encore couler ſans pente. Ainſi avant l'origine des riviéres, il a été néceſſaire qu'il y eût des eaux ſur la terre, qui donnaſſent lieu aux pluies; qu'il y eût des élévations d'où les eaux coulaſſent à la mer, & d'où elles empruntaſſent la matiére dont la croûte du globe eſt formée. Or quels étoient ces premiers terrains du globe, avant que ces couches euſſent été compoſées? C'eſt ce qu'il n'eſt pas aiſé de concevoir, puiſque juſqu'à l'eau qui nous dérobe la connoiſſance des terrains inférieurs, nous n'en découvrons aucun qui ne ſoit fait par des alluvions, ou par des couches de matiéres appliquées les unes ſur les autres? D'où il eſt naturel de conclure, que les alluvions ont eu leur commencement dans le ſein même des eaux, & avant l'éxiſtence des riviéres.

On veut cependant ſuppoſer avec l'Auteur, que la croûte du globe de la terre ait été platte, ou preſque platte, juſqu'au tems d'un déluge univerſel où elle fut briſée: comment les débris de cette croûte ont-ils pû s'entaſſer les uns ſur les autres dans le liquide des mers où ils tomberent alors,

alors, & forme sur cette croute des montagnes de l'élévation de quinze cens toises ? Il est vrai qu'à la faveur d'une certaine forme qui fait leur légéreté, les exhalaisons sont capables d'être maintenues pendant quelque tems dans les airs, & promenées ainsi les unes sur les autres, suivant leur plus ou moins d'élévation. Il est certain encore, que les glaçons plus legers que l'eau y surnagent : que par ce moyen les piéces de glace venant à se heurter les unes contre les autres, quelques-unes sont poussées vers le fond, d'où leur légéreté les ramenant vers la surface, elles restent souvent engagées sous d'autres qu'elles soulevent, tandis qu'elles sont elles-mêmes soulevées par d'autres ; ensorte que l'élévation des supérieures croît successivement, à proportion du nombre de celles qui s'amassent au dessous. C'est ainsi qu'il se forme des montagnes de glace. Mais ce qui arrive dans le liquide de l'air & de l'eau aux nues & aux glaces qui y voltigent, est-il pratiquable pour des bancs de pierre, qui ne peuvent surnager aux eaux de la mer, s'engager les uns sur les autres dans de pareils mouvemens, & former des élé-

B

vations? Nos montagnes n'ont donc pû être élevés de cette sorte au milieu des mers au-dessus de la croute de la terre dans le tems d'un déluge, comme l'Auteur le suppose.

En effet convenons avec lui, que le mercure plongé à la mer ne peut descendre audessous de onze cens quatre-vingt quinze toises, qui est le centre de l'épaisseur du globe. Sur ce principe, les débris de la croûte du globe qui au tems de sa rupture seroient tombés d'un côté dans leliquide de la mer, n'auroient pû s'y enfoncer au-delà de cette profondeur, ni pousser vers le côté opposé d'autres parties de cette croûte propres à y élever des montagnes. Ainsi on ne voit point qu'elles ayent pû être formées, ni par des élévations survenues à la faveur des eaux, dans lesquelles les piéces dont elles sont composées auroient surnagé, ni par des enfoncemens dans ces eaux de ces mêmes piéces, qui en auroient poussé & élevé d'autres dans la partie opposée. On ne conçoit pas non plus, comment les piéces de la croûte de la terre se seroient enfoncées dans la mer. Aux endroits où il n'y avoit point de mer, elle n'ont pû certainement y tomber ; & où il y avoit des mers, cette croute ne manquoit-elle pas de toute leur profondeur ?

On ne comprend point de même, que l'eau des mers intérieures & extérieures qui, selon l'Auteur, n'excéde pas la sixiéme partie de la croute solide du globe, duquel l'épaisseur n'est que de deux mille trois cens quatre vingt dix toises, ait pû s'élever au tems du déluge sur les deux surfaces de cette croute de plus de quinze cens toises, pour servir à y former des montagnes de cette hauteur. Bien loin de s'élever au-dessus de leur premier niveau, les eaux de la mer auroient dû s'abaisser de part & d'autre de cette croute, en occupant les grands vuides, que les débris employés à la composition des montagnes y auroient laissés. L'Auteur a beau imaginer une agitation violente dans les eaux de la mer, qui les ait élevées ainsi d'un côté de cette croute, ensuite de l'autre, & qui par-là ait donné lieu à des montagnes de la hauteur de quinze cens toises. Je crois qu'il sera le seul à y penser, & à y trouver de la possibilité. Aussi aucun livre, aucune tradition n'a jamais parlé de rien d'approchant. On voit d'ailleurs par vos propres Ecrivains, auxquels l'Auteur prétend s'en rapporter, qu'il y avoit des montagnes avant le déluge; qu'elles portoient même des arbres; & que l'Arche de Noé s'arrêta sur une de ces hauteurs.

Il résulte encore de la preuve qu'il tire du mercure enfermé dans un Baromètre, que les eaux des doubles mers supposées par cet Auteur, quoiqu'elles se joignissent, ne doivent point passer d'une partie du globe à l'autre, ni s'avancer au-delà de ce demi-diamétre de la croute, où le mercure s'arrêteroit. D'ailleurs si le globe de la terre étoit composé d'une croute aussi peu épaisse que l'Auteur l'imagine, & qu'elle se fut entre-ouverte en autant d'endroits qu'il le suppose, ne remarqueroit-on point au hors de la mer quelques-unes de ces ouvertures, qui perceroient d'un terrain de son extérieur vers un autre terrain de son intérieur, sans qu'elles fussent remplies d'eau, & sans que la vûe de toute l'épaisseur du globe fut interceptée? Que s'il ne se rencontroit aucune de ces ouvertures dont l'eau n'eut occupé la capacité, du moins en veroit-on quelques-unes, du bord desquelles on découvriroit la superficie de cette eau. On devroit y remarquer des trombes & de ces jaillissemens, que l'Auteur assûre se faire aux endroits de communication des mers extérieures avec les intérieures, & qu'il prétend être la cause du flux & reflux de la mer.

S'il étoit vrai aussi, qu'une partie des mers supérieures s'enfonçât vers les Poles dans l'intérieur du globe, & qu'après avoir parcouru l'intérieur en ligne spirale, elles en sortissent entre les Tropiques, les courans effroyables & rapides qui seroient entretenus par-là d'une partie du globe à l'autre, feroient reparoître à ces endroits de l'extérieur ce qui s'enfonceroit dans l'intérieur vers les Poles. On connoîtroit au moins dans les mers Méridionales des endroits, qui vomiroient sans cesse des montagnes d'eau, & qui donneroient lieu à des courans si rapides vers leur embouchure, qu'il seroit impossible d'en approcher. Mais il n'y a aucun endroit des mers connues, où nous remarquions rien de pareil, & qui soit inaccessible aux vaisseaux. Il n'y en a point vers les Poles. Cependant si dans cet endroit une partie des mers extérieures s'enfonçoit vers l'intérieur du globe, aucun bâtiment ne pourroit en approcher de plusieurs lieues, sans y être entraîné & englouti. Les barques qui voguent sur les riviéres de votre Canada, peuvent-elles approcher d'une demi-lieue de certains sauts, sans être emportées dans leurs chutes?

Enfin si le globe de la terre étoit creux, & composé d'une croute aussi peu épaisse que l'Auteur l'assûre, on pourroit en conclure, que tous les autres globes opaques ou lumineux que renferme l'univers, le seroient de même. Or si cela étoit, depuis que ceux du Soleil & des Etoiles sont embrasés, leurs croutes seroient certainement consumées, & ces globes anéantis. La sonde arriveroit aussi partout: cependant on ne rencontre pas même le fond à quinze cens toises de profondeur. Le Mont Gemini dans la Suisse, quoiqu'il ne soit pas le plus élevé du Pays, a près de deux mille toises de hauteur. Nos mers & nos montagnes ont donc plus de hauteur & de profondeur, que l'Auteur ne leur en attribue.

Réponse à quelques difficultés tirées de ce Système.

Mais pour vous convaincre d'autant mieux, Monsieur, que nos montagnes ne sont pas formées de la maniére que cet

Auteur l'à supposé, permettez-moi de vous ramener un moment à la considération de leur extérieur, dont une confusion apparente a fait l'erreur de ce Moderne. Il est vrai qu'il se trouve des terrains, où les couches de matière dont ils sont composés s'éloignent considérablement du sens horisontal du globe : **il y en a même, qui sont absolument perpendiculaires.** Mais à l'égard de celles-ci observez, je vous prie, que ces amas de boues & de sables que les courans de la mer élévent dans son sein, du dépôt des matières dont ses eaux sont toujours plus ou moins empreintes, restent long-temps mous avant que de se pétrifier. Il est donc naturel & ordinaire, que plusieurs de ces élévations venant à être minées par dessous par ces mêmes courans qui les ont formés, ou par d'autres, elles se fendent, & que la partie minée se renverse sur le fond voisin. C'est ainsi que les bords des riviéres sappés par les mêmes eaux qui en ont formé les diverses couches, se renversent dans leur lit. C'est de cette sorte, que d'horisontales qu'étoient les couches de certaines élévations de sable ou de vase dans la mer, elles sont devenues perpendiculaires.

Mais indépendemment de ces cas rares, les dispositions seules des fonds de la mer suffisent, pour donner lieu à la formation d'un feuilletage de ces matiéres presque perpendiculaire. La hauteur de les eaux qui les parcourent, leur applique sans discontinuer les matiéres dont ces eaux sont chargées. C'est ainsi que la brosse empreinte d'une eau blanchie de chaux applique à un mur une feuille de de cette chaux, que la répétition augmente, & rend enfin assez épaisse, pour couvrir la noirceur & la difformité du mur. C'est de-là qu'en allant de Septéme à Aix, on voit des lits de vase d'une épaisseur considérable presque horisontaux appliqués les uns contre les autres pendant près d'une lieue. Ils ont été formés sans doute en cet endroit par un courant venant du Nord-Ouest, & du côté de la mer, qui les y a fabriqués successivement les uns après les autres dans un espace de plusieurs milliers d'années. Pour expliquer ce fait, il n'est pas nécessaire d'avoir recours aux débris d'une croute feuilletée horisontale à ce globe, ni à l'entassement de ses morceaux les uns sur les autres. Cette application de côté y répugneroit

gneroit même, puisque suivant le système de l'Auteur, les débris de la croute doivent avoir été entassés les uns sur les autres.

Il faut encore observer, que dans une grande tempête, les eaux de la mer poussées entre des rochers y bouillonnent, & courent en cent maniéres différentes, s'élevant tantôt contre eux jusqu'au Ciel, ensuite se précipitant de leur sommet dans ses propres abîmes. De même ses eaux poussées par des courans rapides aidés d'un vent impétueux au milieu de certains amas de vase, que ses flots ont formés dans son sein, s'élevent, s'abaissent, se replient sur elles-mêmes en cent maniéres, courant suivant la disposition de ces amas, bâtissant & détruisant dans leur agitation, tantôt en un sens, tantôt dans l'autre. C'est ce dont on remarque aujourd'hui l'effet dans ces hautes montagnes de vase pétrifiée, qu'on trouve après Olioure, en allant de Toulouse à Marseille, & presque tout le long de la côte de Provence : amas que la mer composa jadis, lorsqu'elle les couvroit encore de ses eaux, & que les courans du Nord-Ouest secondés du même vent y étoient

C

poussés avec violence de la haute mer ; ensorte qu'embarrassés entre ces hauts & ces bas qu'on y voit, ils y exerçoient leur fureur par cent mouvemens opposés les uns aux autres. C'est ainsi que dans leur agitation ils fabriquerent ces bisarres arrangemens, où vous reconnoissez tellement l'ouvrage de la mer, si vous y faites quelque attention, qu'il vous est impossible de ne pas convenir, que ces compositions ne peuvent s'attribuer à une autre cause.

On auroit donc tort d'être surpris de cette confusion, qu'on remarque dans les divers lits de nos montagnes, & qui a été pour l'Auteur dont je parle, une raison de douter qu'elles eussent été formées originairement aux endroits où elles sont placées. Au contraire cette confusion même bien considérée par rapport à l'état présent & passé de la mer, est une preuve de leur fabrication en ces lieux mêmes des dépôts, que ces eaux y ont voiturés & appliqués les uns sur les autres avec cette diversité dans les tems de leur agitation. Ces couches ondoyées sans aucune rupture, qu'on remarque dans le feuilletage de tant de montagnes, peuvent-elles laisser le moindre doute, qu'elles ne soient l'ouvrage naturel de l'allusion des eaux de la mer ? Leur matiére déja pétrifiée, comme elle devoit l'être, selon l'Auteur, à la rupture de la croute de la terre lors du Déluge, auroit-elle pû se plier ainsi, & se prêter à toutes ces fléxions ? Il faut donc demeurer d'accord, que cela n'a pû arriver que dans le tems de la mollesse de leur matiére, & par conséquent dans la même position où ces amas se trouvent.

Cette vérité est encore confirmée parce que j'ai dit de ce nombre prodigieux de corps étrangers & marins, que tous les terrains du monde renferment, & qui n'ont pû y être insérés que dans le tems de leur composition, & dans le propre sein de la mer. Ajoutez que les matiéres dont les eaux des riviéres sont chargées, ne peuvent bien se pétrifier que dans la mer, & que par un certain sel uniquement propre à ses eaux. Que si sur la surface du globe il se trouve quelques pétrifications formées des matieres, que les eaux des riviéres y répandent, il est aisé de les distinguer de celles qui se font dans la mer. Elles ont peu de consistan-

C ij

ces, & ne renferment aucuns corps marins.

L'état général du globe de la terre, que l'Auteur n'avoit pas bien confidéré, eſt auſſi une preuve certaine de leur origine. Car les lits horiſontaux ou preſque horiſontaux dont la plupart ſont compoſées depuis leur pied juſqu'à leur ſommet, s'étendent preſque toujours à celles qui leur ſont contigues; ce qui dans le ſyſtême de l'Auteur ne devroit point être. L'interruption que les vallées & certains bras de mer mettent entre ces montagnes, fortifie ce témoignage de leur formations dans la poſition où elles ſont. En effet malgré ces interruptions, on retrouve dans les unes & dans les autres les mêmes couches; & on les retrouve à la même hauteur, de la même épaiſſeur, & du même genre de matiéres. Cette uniformité peut-elle s'expliquer dans le ſentiment, que cet Auteur a entrepris de défendre? Au contraire n'en démontre-t-elle pas la fauſſeté? Ainſi bien loin que l'état de nos montagnes ait dû lui donner lieu de penſer, qu'elles n'étoient compoſées que de piéces rapportées, & arrangées confuſément les unes ſur les autres dans le tems du déluge, l'ordre & la suite qu'on y remarque, & la mer même qui les sépare encore en certains endroits n'a pu interrompre, eut dû le convaincre qu'elles ont été formées ligne à ligne, & dans la même position qu'observent encore toutes leurs parties, à la réserve de très-peu de changemens. Je ne retoucherai point ce que je vous ai dit de l'opinion d'un déluge universel: l'Auteur n'eut pas dû recourir à un fait de cette nature pour l'explication de l'état actuel ce nos montagnes.

Scilla surnommé (le sans couleur,) Peintre Italien de l'Académie Royale de Peinture établie à Messine, appellée (la Fucina,) allant un jour de Regio à une terre nommée Musorrina dans la Calabre, trouva dans un lieu où l'on ne pouvoit arriver de la plaine qu'après avoir monté plus de deux heures, une montagne entiére de coquillages pétrifiés, sans qu'il s'en rencontrât aucun aux environs. A cette vûe il fut si frappé d'étonnement, qu'il prit la résolution de s'appliquer à la lecture des Auteurs anciens & modernes, pour sçavoir ce qu'ils avoient pensé de ces singularités. Cette étude,

Dissertation sur la nature de ce sujet.

& les connoissances qu'il acquit par ses méditations sur la composition de nos montagnes, le mirent en état de composer dans la suite une sçavante dissertation en forme de lettre, contre l'opinion de Crollius & d'un Docteur de son tems, qui prétendoient que les coquillages brisés ou entiers qu'on trouve dans la substance des pierres, sur-tout ces dents de poisson si abondantes dans celles de Malthe, & que vous appellés yeux ou langues de Serpent, selon leur figure ronde ou pointue, n'étoient que les effets d'un jeu de la nature, & des configurations du hazard. Vous pouvez voir, Monsieur, dans cette dissertation de Scilla, qui a pour titre : (la vaine spéculation guérie des préjugés,) & qui fut imprimée à Naples avec permission en 1670. ce que les Naturalistes anciens & modernes qui y sont cités, ont écrit sur cette matiére. Vous y trouverez l'opinion des premiers, qui étoient persuadés que l'Egypte, l'Afrique, & quelques autres pays encore plus éloignés des bords de la mer, lui avoient autrefois servi de lit. Vous y lirez, aussi comme un très-grand nombre des Philosophes modernes sont du même sentiment.

Scilla s'attache sur-tout à prouver, que les coquillages arrêtes & dents de poissons qu'on rencontre dans toutes les pétrifications du globe, sont de véritables corps marins : qu'ils sont les dépouilles, les restes ou parties de ces corps nés dans la mer, & qui y ont vécu autrefois ; & voici de quelle maniere il procéde à la démonstration de cette vérité.

De toutes les preuves d'une vérité, dit-il, la plus sûre & la moins équivoque est celle qui nous vient des yeux. Car il y a une grande différence, entre s'imaginer que la figure apparente d'un Croissant, que la Panthére porte sur l'épaule gauche, est une représentation que la Lune naissante y a imprimée ; & que les rayes dont la coquille appellée Musicale est figurée, sont de véritables notes de Musiques : ou de juger que des coquillages insérés dans une masse de pierre, que je reconnois par mes yeux être absolument semblables à ceux de la mer sont véritablement des coquillages qui en sont venus, & qui par quelque accident se trouvent insérés & pétrifiés dans la substance de ces pierres. J'ai vû, continue-t-il, dans les Cabinets de divers

Princes & Grands Seigneurs des pierres, dans lesquelles on prétendoit me faire remarquer des représentations d'homes, d'animaux & de paysages : mais je n'en ai jamais trouvé une seule parfaite. Je crois bien que la pierre, dans laquelle les Anciens s'imaginoient trouver le portrait de l'Empereur Galba, celle que Carnéades soutenoit renfermer l'image de Panisque, celle qui contenoit, disoit-on, la juste représentation du mont Parnasse, & que Pyrrhus portoit au doigt, avoient quelque rapport aux figures, qu'on pensoit y remarquer. Mais je ne croirai jamais que sans le secours de l'art, elles ayent représenté parfaitement où le mont Parnasse, ou les têtes de Galba & de Panisque.

Il n'en est pas de même, continue-t-il, des coquillages & autres corps marins, que je rencontre dans la substance de diverses pétrifications. Je les vois précisément tels, que sont ceux de la mer ; je les trouve tellement semblables en substance, en figure & partie par partie, qu'il ne m'est pas permis de douter que ce ne soit la même chose. J'en vois, non d'une sorte, mais de dix mille ; &
j'en

j'en vois dix millions de chaque espéce, sans qu'il y ait entre eux la moindre différence. Or il n'y auroit pas, dit-il, plus de fondement, à s'imaginer que ces coquillages de tant de formes, si différentes, si nombreuses, entiers & brisés, de position & de convenance entre leurs parties brisées si singuliére & si naturelle, ne sont que l'effet du hazard & un jeu de la nature; qu'à croire la montagne composée de pots cassés qu'on voit aux portes de Rome, une production fortuite de la nature en cet endroit, sans qu'aucun de ces morceaux de pots brisés ayent jamais fait partie d'un véritable vase de terre cuite.

Il s'en faut bien, ajoute Scilla, que le grand nombre de coquillages & de dents de poissons, qu'on trouve dans la substance de presque toutes les montagnes, soit, comme se le persuadent Crollius & ceux qui suivent son opinion, une raison de douter qu'ils soient de véritables corps marins, ou des parties véritables de ces corps. Au contraire leur multitude & leur diversité attestent d'autant mieux leur origine ; puisque seules elles suffisent pour prouver, qu'ils ne peu-

d

vent être l'effet du hazard. La rareté de certains corps marins dans les mers voisines des montagnes où il s'en trouve de pétrifiées, n'est pas non plus, dit-il, un sujet de douter qu'ils soient de vrais corps marins. En effet dans les saisons où les vents de Sud-Est soufflent avec violence dans la Méditerranée, ses courans aménent aux plages de Catane en Sicile une si grande quantité de coquilles, dont l'espéce est inconnue aux côtes & aux mers voisines, qu'on pourroit en charger des bâtimens entiers.

Réponse à quelques objections sur ce sujet. Martin Lister, Anglois, dans la Préface de son Traité des coquillages de mer & d'eau douce imprimé à Londres en 1678. huit ans après la dissertation de Scilla, dont vraisemblablement il n'avoit aucune connoissance, a paru aussi douter, que ceux qu'on trouve en très-grand nombre dans les pierres d'Angleterre, d'Ecosse & d'Irlande, fussent de véritables corps marins. Son doute est fondé, sur ce qu'elles en contenoient de diverses espéces inconnues même aux côtes voisines de ces montagnes, & sur ce que les coquilles enfermées dans les pierres sont de la couleur même des pierres. Il faut, dit-il, en parlant des espéces inconnues, que les poissons en ayent totalement péri dans la nature, qu'ils vivent dans des mers si profondes, ou qu'ils soient tellement enfoncés dans la vase, qu'on n'en voye jamais dans la mer.

Vous avez compris, Monsieur, continua Telliamed, par les observations de mon aieul sur l'état présent du fond de la mer, qu'il s'y trouve des coquillages tellement ensevelis dans la vase, que les espéces en sont inconnues aux côtes voisines. On trouve dans les pierres d'Europe jusques à quatre-vingt sortes de coquilles de Corneamons, dont à peine on a rencontré jusqu'ici deux ou trois espéces non pétrifiées. Mais ce petit nombre suffit, pour établir la réalité de toutes les autres espéces qui n'ont point été découvertes. Les espéces inconnues peuvent aussi avoir manqué & être péries, par le desséchement des eaux où elles subsistoient. Il y a peu de mers qui n'ayent des coquillages particuliers, comme des poissons; & ces mers venant à tarir, tout ce qu'elles nourrissent doit manquer avec elles. Ces espéces peuvent encore n'être

d ij

plus voiturées des côtes où elles subsistent aujourd'hui, aux rivages où elles étoient apportées autrefois par les courans, si entre l'un & l'autre endroit il s'est formé une barrière par la diminution de la mer. Si, par exemple, les coquilles apportées aux côtes de Catane viennent de l'Archipel, comme on doit le penser, il est certain que l'Isle de Candie se prolongeant par la diminution de la Méditerranée jusqu'à la Caramanie du du côté de l'Est, du côté de l'Ouest jusqu'à la Morée, ces coquilles ne pourroient plus être portées sur le rivage de Catane, sans que pour cela de l'espéce eût péri dans la nature. Il peut en être de même de celles qu'on trouve dans les montagnes d'Angleterre, & qui ne se rencontrent point dans les mers dont cette Isle est environnée. Ces coquilles ont pû dans des tems précédens y être voiturées par les courans de la mer des diverses parties du globe qui répondent à ces côtes, & par la diminution survenue à ses eaux cesser d'y être amenées. Vos montagnes de France renferment mille témoignages non douteux de cette interruption de transport d'une partie du globe à l'autre, puisqu'elles renferment des plantes & des coquillages de mille sortes propres aux autres parties de la terre, qui ne croissent & qui ne naissent point dans votre Pays, comme je vous l'ai fait observer.

A l'égard de la couleur des coquilles semblable à celle des pierres où elles sont renfermées, Lister à eu tort d'en prendre occasion de douter, qu'elles fussent de véritables corps marins. Comme ces coquilles sont composées de pellicules appliquées les unes sur les autres, il est naturel qu'après la mort du poisson surtout, elles s'inbibent de la vase, du limon ou du sable où elles sont ensevelies, & qu'elles en prennent la couleur. Mais elles sont d'ailleurs distinguées à leur extérieur de la substance des pierres où elles se trouvent, par une matière vitriolique, & par un poliment qui les en sépare aisément. Si vous les laissez même tremper long-tems dans l'eau, elles se dépouilleront de leur pétrification, & en partie de la couleur qu'elles avoient contractées ; ce qui justifie parfaitement que ces coquillages, ces arrêtes, ces dents de poissons sont de véritables corps marins.

Nouvelles preuves de Scilla.

Scilla rapporte divers groupes de pétrifications très-remarquables. On voit dans les uns plusieurs de ces coquillages mêlés les uns avec les autres, & des dens de poissons entrelassées. Celles de la machoire supérieure y sont distinguées de celles de l'inférieure ; & celles de la machoire droite ont une forme différente de celles de la gauche. Woodvart, Auteur Anglois, à composé depuis un Traité, pour prouver que la plûpart de celles qu'on trouve dans la pierre de l'Isle de Malthe, sont des dents d'un poisson appellé Chien-marin. Un groupe singulier gravé dans la dissertation de Scilla, est celui où l'on voit une machoire pétrifiée, à laquelle trois de ces dents tiennent encore. De-là l'Auteur conclud, que celles qu'on rencontre détachées de leurs machoires & insérées dans ces pierres, n'ont point une origine différente de celles là. Aussi y en a t-il encore dans ces groupes avec leurs racines, comme sans racines. On y voit aussi de ces dents avec leur émail, d'autres auxquelles il n'en manque qu'une partie.

Si ces productions venoiént de la pierre même, dit Scilla, la substance & la couleur de ces dents feroient égales ; mais l'émail en est plus dur que l'intérieur, & la couleur en est diverse. Si elles se formoient dans la pierre, ce seroit ou par accroissement, ou tout à la fois. Mais en commençant du petit pour aller au grand, la dent rencontreroit dans la dureté de la pierre un obstacle à son accroissement. Au contraire en admettant qu'elle s'y produit dès sa naissance dans toute sa grandeur, on va contre les régles de la nature, qui ne fait ses ouvrages que successivement.

On voit aussi dans ces groupes plusieurs de ces dents usées. Or pourquoi le seroit-elles, si elles n'avoient point servi ? Ces groupes contiennent encore divers coquillages écrasés ; ce qui ne seroit pas, s'ils s'étoient formés dans la pierre. D'autres sont brisés en plusieurs piéces, qui se distinguent par le rapport d'une pierre à l'autre. On y voit des hérissons de mer, à côté desquels sont leurs défenses pétrifiées comme eux, & ces pierres réunis formeroient le hérisson parfait comme les morceaux d'une porcelaine cassée réunis ensemble feroient la tasse ou l'assiette brisée.

Les piéces de ces coquillages portent d'ailleurs des marques sensibles de leur rupture ; on voit qu'ils ont été brisés. Au contraire si ces débris étoient l'ouvrage de la nature, les bords en seroient unis, comme le reste du coquillage, ils seroient arrondis, comme le sont ceux d'un vase que la main de l'Ouvrier a dressé. Telles sont les extrêmités d'un corps tronqué formé dans la matrice naturelle. Que la nature produise un animal sans bras ou sans pieds, l'extrémité à laquelle manquera ce pied ou ce bras ne sera certainement point dans le même état, que si le fer en eût retranché ces parties, ou si elles en avoient été séparées par quelque accident : elle sera revêtue de peau, & unie comme le reste du corps.

On trouve encore dans ces groupes des représentations de matrices de coquillages, les uns naissans, d'autres plus avancés : on y voit des coraux & des peaux de serpent en grand nombre. Un des plus singuliers est celui qui représente une patte d'écrevisse de mer, tenant entre ses serres un coquillage déja à moitié écrasé. Seroit-ce dit l'Auteur, l'effet du pur

pur hazard, qui auroit imité si parfaitement ce qui se passe chaque jour dans la mer entre l'espéce des écrevilles & celle des coquillages qui sont la proye de celle là ? Enfin il y a dans ces groupes une coquille, où se trouve l'Animal même pétrifié ; preuve sans replique qu'il y à vêcu.

Scilla dit ensuite avec fondement, que la question n'est pas de sçavoir, si ces corps innombrables qu'on rencontre dans les pétrifications, sont de véritables corps marins qui ayent existé dans la mer, ou ou des parties de ces corps. Qu'il s'agit de déterminer par quelle voie, ou par quel événement, ils se trouvent inférés dans les pierres, ou attachés à leur superficie. Les uns, continue t-il, prétendent que cette insertion s'est faite au tems du Déluge ; d'autres disent, que ces coquillages & ces poissons étant nés dans quelque fleuve ou lac d'eau salée, ils ont été par quelque inondation, ou même par des canaux souterrains, placés aux endroits où on les trouve. L'Auteur avoue sur la fin de sa dissertation, qu'il avoit été d'abord de ce dernier sentiment ; mais il dit qu'après avoir considéré les ter-

c

rains, où ces corps marins se rencontrent le plus abondemment, après avoir considéré l'étendue, l'épaisseur & l'élévation des montagnes qui les renferment, la grosseur des poissons qui y sont inserés, & la disposition de ces mêmes montagnes, il avoit changé d'opinion. Qu'en effet il étoit impossible qu'aucuns lacs, aucunes riviéres eussent été capables de fournir ces amas prodigieux de pétrifications dans les endroits où on les découvre. Il avoue encore, qu'il ignore comment cette transmigration a pû se faire. Il ajoute seulement, qu'il a reconnu à n'en pouvoir douter par la composition de diverses montagnes, sur-tout par celle des collines dont la Ville de Messine est environnée, & qui sont toutes composées par lits & par couches, que ces lits répétés ont été formés à diverses reprises, & sont l'ouvrage d'autant d'inondations, dans lesquelles les eaux de la mer se sont promenées sur toutes les montagnes.

Les voies de la pétrification, continue t-il, sont diverses dans la nature. Un certain sel volatil, une eau salée, une humidité seule long-tems conservée dans la matiére suffit pour la pétrifier ; mais il faut que la qualité de la matrice soit propre à la pétrification. C'est de là que les coquillages insérés dans la substance des montagnes, où se pétrifient avec elles, ou ne se pétrifient point, reçoivent même une plus grande, ou une moindre dureté dans leur pétrification, suivant que la matiére où ils sont enfermés est capable elle-même de la recevoir. Ils ne sont point pétrifiés dans la substance des collines dont Messine est environnée, parce que la substance de ces collines est d'un sable, qui n'étoit pas disposé à la pétrification.

Langy, Professeur en Philosophie & en Médecine dans la Ville de Lucerne sa patrie, à composé un Traité, pour refuter non seulement l'opinion de Scilla, & celle de ses adversaires, Crollius & autres, mais encore celle qui attribue au Déluge les coquillages, qu'on trouve insérés dans nos montagnes, ou collés à leur superficie. Dans cette vûe il a rassemblé avec assez de fidélité dans la premiere Partie de ce Traité imprimé à Venise en 1708. toutes les raisons des uns & des autres ; ensuite dans la seconde il

Sentiment de Langy.

expose celles sur lesquelles il prétend fonder son opinion certainement fort singuliére. Il avoit senti par les raisonnemens de Scilla, le ridicule d'attribuer ces pétrifications à un jeu de la nature : en même tems il avoit compris l'impossibilité qu'il y avoit, que les eaux d'un déluge qui dura si peu, eussent pû insérer dans l'intérieur de nos montagnes dès lors solides, & même élevées jusqu'à leur plus haut sommet, des coquilles aussi pésantes que le plomb, & souvent du poids de quinze à vingt livres. Il concevoit cependant qu'on ne pouvoit nier, que ces corps étrangers renfermés dans nos montagnes ne fussent de véritables corps, ou des parties de corps marins. Voici donc ce qu'il imagina, pour expliquer & rendre clair, dit-il, ce qu'il trouve de plus obscur & d'une plus difficile explication dans la Physique.

Il prétend que tous les coquillages qui se trouvent dans les pierres de nos montagnes, entiers ou brisés, sont provenus de la semence des mêmes corps corps marins, entiére ou séparée : Que par des canaux souterrains ayant été portée par les eaux de la mer au pied des montagnes même les plus éloignées d'elle, elle a été élevée à travers les pierres souvent jusqu'à leur sommet, & rendue féconde aux endroits où ces corps se rencontrent, sur-tout au haut des montagnes, par la fécondité propre à la neige dont elles sont ordinairement couvertes : Que ces corps marins sont plus ou moins parfaits, plus entiers ou plus divisés, selon que la semence dont ils ont été produits est restée dans sa totalité, ou qu'elle a été partagée, & selon aussi la disposition de la substance des pierres, propres ou non, à fertiliser cette semence : Q'ainsi, par exemple, la semence d'une huitre ou d'un autre coquillage de mer, conservée en son entier, rencontrant dans l'endroit où elle est rendue féconde un aliment propre à son accroissement, y produit les deux écailles : qu'au contraire on n'en trouve qu'une en d'autres endroits, parce que la semence dont elle a été produite, n'étoit que la partie propre à la génération de cette moitié. Langy étend le partage de la semence, ou sa division, non seulement à chaque partie de l'animal, à la tête seule, à une machoire avec des dents, ou sans dents, à une dent seule, à l'épine du dos d'un poisson, à une de ses côtes, ou à une nageoire; mais encore aux parties des parties. Ainsi une coquille brisée en vingt piéces, par exemple, les défenses d'un hérisson ou marron de mer, qui se trouvent en si grand nombre dans toutes les pierres, sont provenues, selon lui, d'autant de portions de la semence propres à chacune de ces parties.

Ce sentiment, Monsieur, ne vous paroit-il pas admirable? Il a pour fondement principal une espéce de chair qu'on trouve, dit-il, en certains tems de l'année dans vos jardins, sans os & sans animal: c'est ce que vous appellez en latin (Caro fossilis.) Ce n'est autre chose sans contredit, qu'un amas de semence d'insectes, ou d'insectes mêmes qui commencent à se développer; ce qui ne peut avoir aucun rapport à la production des corps marins ou de leurs parties dans la substance des pierres. D'ailleurs a t-on jamais reconnu, qu'il se soit fait un parrage de la semence propre à la génération d'un corps, pour former seulement un pied, un bras, une jambe, dans la matrice même convenable à cette génération : moins encore une partie de ces parties, un doigt, un os, ou autre chose ? Ce sentiment n'est-il pas absurde ; & le contraire ne peut-il pas passer pour démontré ? On a vû des corps naître sans bras, sans jambes, même sans tête ; mais a t-on entendu parler de bras ou de jambes nés sans corps ? Les coquilles, quelles qu'elles soient, sont la peau, la maison ou la défense de l'animal. Il se la forme à lui-même à proportion de son accroissement ; & il l'augmente d'un jour à l'autre par une matiére gluante, qui transpire de son corps. La peau d'un animal croît avec lui, l'écorce avec l'arbre, la coque avec le fruit ; mais jamais on n'a vû, même dans les matrices naturelles, de peau d'animal naître sans l'animal même ; d'écorse se produire sans le tronc de l'arbre, de coque ou de peau de fruit croître indépendamment de la substance, dont elles sont la défense & la couverture. Cela sembleroit cependant mille fois plus naturel, que la génération sans poisson de l'extérieur de certains corps marins, ou de quelques-unes des parties de cet extérieur dans la substance des pierres, qui leur est absolument étrangere.

Cependant après un grand nombre de mauvaises inductions, tirées de certains faits qui n'ont aucun rapport à son opinion, le Docteur Langy finit son Traité en ces termes: Qu'il est évident de tous ces faits, que la production des coquillages de mer dans nos montagnes non seulement n'est pas impossible, mais même qu'elle est fort probable. J'espere au contraire que vous en concluerez avec moi, que cela est non seulement impossible, mais même hors de toute probabilité. Il ne s'est point encore trouvé jusqu'ici, & jamais sans doute il ne se trouvera, comme les ignorans se le persuadent, de canaux souterrains, qui de la mer conduisent jusques sous les montagnes les plus éloignées d'elle. S'il y en avoit, on en découvriroit les conduits, ce qu'on n'a pas encore fait. Mais quand même ces conduits chimériques existeroient, y a t-il aucune probabilité que la semence des poissons & des animaux marins pût se filtrer à travers la substance des montagnes, souvent jusqu'à leur sommet, ou y devenir féconde après y être parvenue?

Le partage de ces semences & la génération

hération par parties que l'Auteur suppose, est un monstre dans la nature & dans le système de la génération. D'ailleurs il ne se trouve pas seulement dans la substance des pierres des dépouilles & des parties d'animaux marins ; on y voit encore toutes sortes d'animaux terrestres entiers & par parties, comme l'a justifié un Docte Allemand dans un traité particulier des choses singuliéres qui se rencontrent dans les pierres de son pays. Or certainement le passage de la semence propre à la génération des animaux terrestres, ne pourroît avoir lieu de la terre qu'ils habitent, à travers la substance des montagnes, moins encore y devenir féconde. Il n'est pas même seulement question des corps d'animaux marins & terrestres & de leurs parties, que les montagnes renferment, comme je vous l'ai fait observer ; il s'agit encore de tous les corps étrangers à leur substance, barques, ancres, poutres, pierres d'une couleur ou d'une qualité différente, poignées d'agate ou d'autre matiére, piéces d'or & d'argent fabriquées de main d'homme qu'on y trouve. Ces corps ne peuvent évidemment avoir été produits dans ces

f

pierres par aucune semence ; & ils ne sont pas moins que les corps des animaux marins & terrestres, des preuves sans replique de la fabrication de nos montagnes dans le sein de la mer même.

Sentiment d'Omer.

L'Orient a produit aussi plusieurs Auteurs, qui ont traité des marques, que la mer à laissées de son séjour sur les différentes parties du globe. Mais celui de tous qui a porté cette connoissance plus loin, est (Omar el aalem,) c'est-à-dire, (le sçavant Omar,) qui enseignoit à Samarcande il y a environ neuf cens ans. Il soutenoit, qu'il y avoit par toute la terre & dans son sein des preuves incontestables, qu'elle étoit sortie de la mer par une diminution insensible de ses eaux qui duroit encore. Il fondoit cette opinion sur ce que sa croûte étoit, disoit-il, pétri avec un ciment composé de diverses coquilles de ses poissons ; & que cette pâte mêlée de ces matiéres différentes pénétroit dans sa masse jusqu'à une telle profondeur, que relativement au travail présent de la mer, elle avoit dû employer plusieurs milliers d'années à la composition de cette même croûte, à la continuation de laquelle elle travailloit chaque jour sur ses rivages. Il y conduisoit ses Disciples ; & de là il les menoit aux montagnes, & leur montroit par la comparaison du travail d'un de ces lieux avec l'autre, qu'ils étoient le même ouvrage, l'un plus ancien, l'autre plus récent.

Il appuyoit son sentiment par des cartes Géographiques, qu'il avoit eu le bonheur de recouvrer, dressées plus de deux mille ans auparavant avec la derniere exactitude par les soins des Rois de Perse & des Indes. Il faisoit remarquer par l'état antérieur des côtes de ces Royaumes, que la plûpart avoient déja changé de méridien ou de longitude, en se prolongeant plus ou moins vers la mer, même jusqu'à deux dégrés, suivant la disposition plus platte ou plus élevée du terrain. Cela étoit si vrai, qu'aux côtes où la mer étoit marquée dans ces cartes anciennes avoir eu peu de profondeur, & où il y avoit des Isles, elles se trouvoient déja jointes au Continent, tandis que d'autres qui ne se voyoient point auparavant s'étoient montrées plus avant dans la mer. Au contraire il ne s'étoit fait aucune prolongation de terrain sur ces rivages, au pied desquels on voyoit dans ces cartes

f ij

que la mer avoit eu un plus grand fond, la diminution de ses eaux dans ces endroits, ou l'augmentation de son fond n'ayant pas été assez considérable, pour devenir sensible.

Omar joignoit à ces Cartes des Traités de Géographie des mêmes tems, où étoient marqués les noms des principales Villes Maritimes, les promontoires, les Isles, leur grandeur, leur figure, le fond de la mer sur ces différens rivages jusqu'où la sonde avoit pû arriver, la distance de la ligne & du premier Meridien. Ces Traités servoient à confirmer la justesse de ces Cartes anciennes, dont je vous parle. En même-tems Omar prouvoit par-là le changement arrivé à la figure des côtes, tant par la diminution de la mer, que cet Auteur estimoit sur diverses observations à trois pouces ou environ par siécle, que par les sables, les limons ou autres matiéres, qu'elle poussoit chaque jour vers ses rivages, & qui aux endroits plats & propres à recevoir ces matiéres, faisoient paroître la diminution plus considérable & plus prompte, qu'elle ne l'étoit en effet.

Mais, continua Telliamed, outre tant

Derniéres preuves de la diminution de la mer.

de preuves que je vous ai déja rapportées de la diminution de la mer, l'eau saumâtre ou salée qu'on trouve dans les plaines de sable de l'Afrique ou de l'Egypte, & en beaucoup d'autres Pays du monde, lorsqu'on veut y creuser des puits, est une nouvelle preuve de cette vérité. Ne sont-elles pas un effet du sel que la mer à mêlé à ces sables, en les rassemblant dans ces lieux ? Pourquoi les eaux de ces puits, comme de tous ceux qu'on creuse dans les pays où il ne pleut jamais, ou très rarement, sont-elles plus salées qu'ailleurs ? Les puits salés qu'on rencontre en plusieurs contrées éloignées de la mer, les mines & les carriéres de sel qu'on découvre en certains lieux, que leur dureté, ou les terrains qui les couvrent n'ont pas permis aux pluies de pénétrer & de fondre ; les lacs salés des pays chauds, ou les mêmes pluies sont peu fréquentes, ne sont-ils pas des preuves évidentes, que les eaux de la mer ont formé & couvert pendant long-tems cette croûte du globe que nous habitons ? Pourquoi le sel est-il si rare en Ethiopie, & dans toutes les régions situées entre les deux Tropiques, si ce n'est parce qu'il y pleut pendant quatre mois de l'année, & que la chute continuelle de ces eaux eaux douces à deſſalé les terrains qu'elles pénétrent? Mais de quelques pluies que les Pays ſoient arroſés, & de quelque nature que ſoient leur ſubſtance, rochers, ſables, terre ou pierre, le ſel que la mer à mêlé à leurs compoſitions s'y conſerve toujours plus ou moins. En effet, ſi l'on calcine des pierres ou du ſable; ſi l'on paſſe à l'alambic de la terre, des metaux, du bois, des plantes, ce qui à vie ou ce qui n'en a point, ce que la terre renferme ou ce qu'elle produit, même de l'eau douce, on trouve partout du ſel, & des veſtiges de celle à qui toutes choſes doivent leur origine.

Enfin, Monſieur, indépendamment de tant de preuves, l'extérieur de certaines montagnes eſt encore un témoignage des plus forts & des plus ſenſibles de la main de l'ouvrier, qui a été employé à les former. Ces témoignages, ſur-tout dans des lieux élevés, repréſentent ſi parfaitement l'effet, que le débordement d'un torrent ou d'une riviére bourbeuſe produit ſur les terrains qui viennent d'en être innondés, qu'il n'est pas possible de ne point point reconnoître sur ces montagnes la même configuration, que les eaux de la mer ont imprimée sur les matiéres, qu'elles y ont apportées & placées. On ne peut s'empêcher d'y remarquer ces arrangemens égaux, dont nul art n'est capable d'imiter la justesse & de suivre les contours, qu'elles y ont formé successivement & feuille à feuille sur l'inégalité des terrains.

C'est ce que l'on remarque en allant de Marseille à Aix à trois quarts de lieue de Septeme, où sur le sommet d'une montagne située sur la gauche, la vase apportée du côté du Nord-Ouest, ou du Martigue, a fait en mourant l'arrangement juste des lits qui terminent cette éminence. On voit à Tripoly de Syrie un pareil arrangement à mi-côte sur la gauche, en regardant le Liban d'un bâtiment mouillé au milieu de cette rade. Ces lits distingués sont arrangés avec tant de justesse sur la tortuosité du terrain, qu'ils ne sont pas plus épais dans un endroit que dans un autre ; preuve non douteuse qu'ils ont été produits par les dépôts que les eaux ont fait dans ces lieux de ces différentes matiéres. Il est encore visible, que ces matiéres ont été apportées du côté de Tripoly par des courans venant du Sud ou de Damas. C'est de ce même côté qu'ont été voiturées les matiéres, dont se sont formés pareillement les lits qu'on remarque dans les montagnes du Cap-Bon, & dans toutes les autres qui du côté de l'Afrique bordent la mer Méditerranée. Au contraire les lits des montagnes opposées, telles que celles de Gênes, de l'Appennin, de la Morée & de la Caramanie, ont été fabriquées d'une matiére apportée du Nord & du Nord-Est par les courans qui en venoient. Ce long rocher qu'on voit à droite proche de Melun venant de Fontainebleau à Paris, a été de même composé par lits, les uns plus tendres, les autres plus durs, des matiéres diverses que les eaux de la mer venant du côté de la Bise entraînoient avec elles. Un courant de traverse qui alloit du sens de la riviére de Seine, & qui en a creusé le lit, ne leur permit pas de porter au-delà ces matiéres, qu'elles voituroient avec elles.

C'est en cette sorte que les montagnes
dont

dont la Méditerranée est bordée, & une infinité d'autres composées comme elles des matiéres de certains courans, ont été terminées par d'autres qui les rasoient, & qui s'opposoient à leur prolongation. Vous ne pouvez vous promener sur les boulevards de Paris du côté de la porte St. Antoine, sans remarquer le même ouvrage dans celles qui sont voisines de Montfaucon, ni considérer cette butte, sans y reconnoître cet arrangement de lits & de matiéres diverses, les lieux d'où elles ont été apportées, & le sens des courans qui les ont terminés. Le flux & reflux de la mer dont ces courans étoient aidés, passoit alors sur-tout le terrain où la Ville de Paris est située, y entrant avec rapidité du sens de la Seine; & s'étendant sur la plaine de St. Germain & de St. Denis, il laissoit à droite la montagne de Montfaucon, & à gauche celle de Ste. Génevieve qu'il rasoit, tandis qu'il formoit à l'embouchure de ce golfe la petite montagne de Montmartre. Ainsi non seulement l'aspect de toutes les montagnes escarpées nous apprend la maniére de leur composition par lits: la terminaison même de ces montagnes nous en-

g

seigne encore l'endroit d'où est venue la matiére qui les compose. Pour peu donc que l'on ouvre les yeux sur la fabrication des montagnes de notre globe, on trouve en elles-mêmes des témoignages non douteux de leur origine.

Récapitulation des preuves de ce Systême.

La conformation du globe apparent de la terre, & celle de la partie que la mer nous cache encore, l'extérieur de nos montagnes & leur intérieur sont donc des preuves également invincibles de la vérité de mon systême. La position & l'aspect de ces montagnes, les matiéres dont elles sont composées, les pierres de toutes les sortes, les marbres unis & variés qui ne sont que des congélations, les lits de cailloutages renfermés entre deux autres couches de sable; la ressemblance de ces matiéres avec celles, que la mer emploie encore chaque jour dans son fond ou sur les bords; les lits qu'elles composent & leur arrangement; les corps terrestres & étrangers, du bois, du fer, des plantes, des os d'hommes & d'animaux, des pierres d'une substance différente, insérés dans la masse des nos montages; les coquillages sans nombre, connus & inconnus, lardés encore dans leur superficie, comme dans leur intérieur ; les bancs entiers qu'on en rencontre en divers endroits de la terre ; tant d'autres corps marins trouvés dans leur sein ; tant de coquilles, de plantes & de feuilles propres à certaines régions, découvertes dans la composition des terrains de certaines autres contrées situées dans des parties du globe fort éloignées ; la manière toujours horisontale, dont ces différens corps sont arrangés dans dans ces terrains ; les Isles anciennes unies au Continent, & les nouvelles qui se sont montrées ; les ports qui s'effacent, tandis que d'autres naissent ; les Villes abandonnées de la mer ; les nouveaux terrains, dont nos continens s'accroissent visiblement ; les lacs, les puits salés ; les eaux saumâtres ; les carrières de sel par conservées en des lieux très distans de la mer ; mille bâtimens propres à elle seule, qu'on rencontre dans des contrées les plus éloignées d'elle ; l'aspect des terrains voisins de ses bords, tellement semblable à celui que ses eaux offrent à nos yeux, qu'il qu'il n'est presque pas possible de les distinguer, sur-tout dans des tems qui ne sont pas bien nés, en sorte que nous croyons voir la mer, quoiqu'elle soit hors de la porté de notre vûe, tout enfin dans la nature nous parle de cette vérité, que nos terrains font l'ouvrage de la mer, & qu'ils en font sortis par la diminution de ses eaux.

Usage q[u']il peut a[vo]ir.

Ceci, Monsieur n'a rien de moins certain, continua Telliamed, que l'est la mesure de cette diminution. Il y a eu un tems, où la premiere des montagnes du globe à commencé à se revêtir d'arbres & de verdure; un autre, où les animaux ont commencé à la peupler; & un autre, où elle commença d'être habitée par les hommes. Si ces momens ne peuvent être connus avec justesse & précision, au moins peut-on en approcher, en posant pour fondement, que depuis la découverte des premiers terrains; la diminution des eaux de la mer à toujours conservé un dégré d'égalité proportionné à à l'étendue de leur superficie; ensorte que se retrécissant d'un siécle à l'autre, & devenans de jour en jour chargée d'un plus grand nombre de matiéres étrangéres, sa diminution s'est accélérée à proportion d'un jour à l'autre.

Ces principes une fois posés, il ne s'agit plus que de connoître la mesure de la diminution actuelle des eaux de la mer & de l'augmentation de la terre ; ce que le mesurage de la mer peut établir dans l'espace de deux ou trois cens ans au plus. Après cela il sera facile de connoître le nombre des siécles qui se sont écoulés, depuis que la premiére de nos montagnes à montré sa tête au-dessus des flots, en prenant l'élévation de la plus haute sur la superficie actuelle des eaux de la mer. En effet cette élévation étant connûe, on sçaura par le progrès présent de la diminution des eaux de la mer pendant un siécle celui des siécles précédens. Par conséquent on connoîtra le tems qu'elle a employé à cette diminution depuis la découverte des plus hautes montagnes, eû égard cependant à ce que leurs sommets ont perdu de leur premiere hauteur, depuis qu'ils élévent leur tête au-dessus des eaux de la mer. Et certes ce déchet doit être considérable, puisque depuis tant de siécles ces sommets sont exposés à l'attaque des vents, des pluies, des neiges, du froid & du chaud, qui ont dû les moudre & les abaisser.

On pourra de même sur la connoissance du progrès de la diminution de la de la mer d'un siécle à l'autre, juger à peu près du tems depuis lequel ce globe est habité par les hommes. Il suffira pour cela de reconnoître les endroits les plus élevés des montagnes, dans la pétrification desquelles on trouve de la terre cuite, qui est l'ouvrage de la main des hommes. En mésurant ensuite l'élévation de ces lieux au-dessus de la superficie présente de la mer, on sçaura le tems où ses eaux étoient occupées à rassembler les matériaux employés à cette pétrification, qui sera elle-même une preuve, que le genre humain existoit à lors sur la terre. Par eyemple, si on trouvoit des morceaux de brique ou de terre cuite dans des carriéres élevées au-dessus de la mer de douze cens pieds, en supposant la mesure commune de la diminution de ses eaux à trois pouces par siécle, on sçauroit que la est habitée par les hommes il y a près de cinq cens mille ans, & peut-être plus. Je dis plus, ajouta notre Philosophe, parce que certainement les hommes n'ont pas inventé dès leur origine l'art qui leur a appris à cuire la terre pour leur commodité, & parce qu'on ne peut pas même être sûr, que l'endroit le plus élevé ou l'on aura trouvé de la pierre cuite, soit le plus haut de ceux qui en renferment. Mais on sçaura au moins la mesure du tems, depuis lequel cette pétrification s'est formée ; & il demeurera pour constant que le genre humain existoit dès ce tems là.

On ira plus loin, Monsieur, & c'est ici l'objet le plus utile de cette étude. Car ajoutant à ces premieres connoissances celle de l'étendue présente de la mer & de sa profondeur, ce qui n'est pas impossible, la surface du globe étant aujourd'hui presque toute connue, on pourra juger du progrès futur de la diminution de la mer relativement aux eaux qui lui restent, & à la profondeur que leur superficie nous cache. Or de ce progrès il sera aisé de conclure, combien de siécles seront nécessaires pour l'épuisement des mers qui existent, & en quel tems à peu près la terre cessera d'être habitable, les hommes & les animaux périssant avec les choses, que l'humidité & la chaleur du Soleil produisoient, & qui leur servoient de nourriture.

Ce sont ces connoissances du passé &

de l'avenir auxquelles on parviendra, en supposant que l'état du Ciel par rapport au globe de la terre ait toujours été le même, depuis que les sommets de nos montagnes ont commencé à élever leur tête au-dessus des eaux, & que cet état ne changera point jusqu'à leur entière destruction. Mais ce qui vous surprendra, Monsieur, est que malgré l'opinion généralement reçue, que l'état du monde tel qu'il nous paroît a toujours été le même, & qu'il ne cessera d'être tel jusqu'à son entier anéantissement, ce système n'est pas si certain, que le sentiment opposé ne soit appuyé sur des faits & des traditions assez bien fondées. C'est ce dont je vous entretiendrai au premier jour. En attendant, pour vous préparer à entrer avec plus de facilité dans ce que j'ai à vous exposer sur cette matière, prenez, s'il vous plaît la peine de relire les soirées de la pluralité des Mondes, que je vois ici parmi vos livres. L'ingénieux badinage de l'Auteur y a établi si sensiblement l'état des autres globes opaques de notre tourbillon, qui ne sont en rien différens de celui que nous habitons, que vous ne serez pas obligé d'entendre d'entendre de ma bouche avec moins de plaisir que vous n'en aurez à cette agréable lecture, des choses si singulières, qu'elles sont au de là de notre vûe & de notre imagination.

CINQUIE'ME JOURNE'E.

Caufes de la diminution de la mer; conféquences de ce Syftême par rapport à l'état paffé, préfent & futur de l'Univers.

Deux jours s'écoulerent fans que je reviffe Telliamed, que les préparatifs de fon départ prochain avoient trop occupé, pour lui permettre de fe rendre à l'affignation. J'étois tellement rempli de fon fyftême, que j'attendois avec impatience qu'il me fît part de ces grandes chofes, qu'il avoit promis de me communiquer. La lecture de la pluralité des Mondes n'avoit fait qu'irriter le défir que j'avois d'entendre raifonner notre Philofophe fur cette matiére, je connoiffois déja fa manière de penfer; & je n'efpérois de lui fur ce fujet rien que de fort fingulier. Mon attente ne fut point trompée. Il revint chez moi au bout de deux jours, & voulut commencer par me faire quelques excufes de fon abfence. Mais je ne crus pas devoir perdre en complimens inutiles un tems, qui pouvoit être employé à quelque chose de plus sérieux. Je me contentai de lui témoigner la joie que j'avois de le revoir; & l'ayant pressé d'entrer en matiére, il me parla en ces termes.

La diminution des eaux de la mer, depuis le sommet de nos plus hautes montagnes jusqu'à sa superficie présente suppose, Monsieur, comme vous avez dû en juger, un état précédent de ce globe, où il étoit totalement couvert d'eau. Il s'agit aujourd'hui de chercher la raison de ces différens états; c'est-à-dire, comment il a pû se faire, que les mers surmontassent toute la matiére dont les terrains sont composés, & ce que leurs leurs eaux sont devenues.

Un de vos Auteurs, nommé Gadrois, fit imprimer en 1675. un petit Traité, ou suivant la nouvelle opinion d'un de vos plus grands Philosophes, il prétendit rendre raison de la formation de tous les corps opaques & lumineux, qui composent cet Univers. Il supposa donc, selon vos principes, une création dans le tems, de la matiére & du mouvement, à la faveur duquel, & des diverses figu-

h ij

res de cette matiére créée, s'étoit fait disoit-il, une séparation, dont l'arrangement que nous voyons, les Planettes, les Etoiles, le Soleil, la Lumiére, ces mouvemens réglés que nous admirons, sont les effets.

Si la matière & le mouvement sont éternels.

Il me seroit aisé de vous faire voir, que ce système d'un commencement de la matiére & du mouvement dans le tems répugne à la raison, & n'a pas même de fondement dans vos livres. Je pourrois établir par les plus fâmeux interprêtes de votre écriture, Grotius & Vatable, que ces termes, (au commencement Dieu créa le Ciel & la Terre,) sont une version fort impropre de l'Hébreu ; que ceux dont cette Langue s'est servie, signifient seulement, fit ou (forma le Ciel & la Terre ;) & que pour rendre exactement la phrase Hébraïque, il faudroit traduire, (Lorsque Dieu fit le Ciel & la Terre, la matiére étoit informe : Qu'en effet les Septante ont rendu le mot Hébreu, Barach, par un mot Grec, qui veut dire simplement ʻ fit ,, ou , forma : Que suivant la remarque de Burnet, ce Sçavant Anglois, le mot de , Créer est un terme nouveau, inventé pour rendre une idée nouvelle, de peu de siécles, & qui n'a point d'expression dans toutes les Langues anciennes, Hébraique, Grecque ou Latine: qu'ainsi votre propre Bible a supposé la préexistance de la matiére, que Dieu mis en œuvre de toute éternité, & dont il forma le Ciel & la Terre.

Que si je consultois la raison, qui est le seul guide d'un Philosophe, je vous dirois qu'il me suffit de ne pouvoir comprendre que la matiére & le mouvement ayent commencé, pour les croire éternels: que j'ai connu d'habiles Physiciens parmi vous, qui prétendoient avoir des preuves invincibles, que la matiére ne peut être anéantie; & que cela supposé, on peut en conclure qu'elle a existé dans tous les tems, & n'est pas moins éternelle, abanté, pour user d'un de vos termes, qu'apost, l'un étant une conséquence naturelle de l'autre.

En effet, pour me servir de la pensée d'un de vos Auteurs, *a*, ceux qui connoissent la nature, & qui ont de Dieu une idée raisonnable, peuvent-ils com-

―――――――――――
(a) Lettres Persanes, let. 109.

prendre que la matiére & les choses créées n'ayent que 6000 ans ; que Dieu ait différé ses ses ouvrages pendant toute l'éternité précédente ; & qu'il n'ait usé que d'hier de sa puissance créatrice ? seroit-ce parce qu'il ne l'auroit pas pû, ou parce qu'il ne l'auroit pas voulu ? Mais s'il ne l'a pas pû dans un tems, il ne l'a pas pû dans l'autre c'est donc parce qu'il ne l'a pas voulu. Mais comme il n'y a point de succession dans Dieu, si l'on admet qu'il a voulu une chose une fois, il l'a voulu toujours, c'est-à-dire, de toute son éternité.

Vous m'allez objecter, continua Telliamed, ces difficultés triviales si souvent rebattues, & toujours avec si peu de succés : si le monde étoit éternel, comment pendant toute l'éternité les montagnes ne se seroient-elles pas applanies ? Comment n'auroit-on pas plutôt inventé les Arts ? L'Imprimerie, la Boussole, la Poudre à canon, ces inventions si belles & si utiles, auroient-elles resté inconnues aux hommes pendant des siécles infinis ? Ces objections spécieuses pour des esprits superficiels & prévenus, qui n'effleurent que la surface des choses, s'évanouissent comme la fumée devant les lumiéres brillantes & solides de la raison. Je ne vous parle point des changemens, qui supposé l'éternité du monde, doivent être arrivés dans le globe de la terre. Il en a souffert en effet de très-remarquables, même depuis 4000. ans, comme toutes les Histoires en font foi. Il en est même arrivé de très-considérables dans le reste de l'univers ; & je vais établir dans un moment, que ce globe que nous habitons, ainsi que tous les autres que renferme la vaste étendue de la matiére, est véritablement sujet à de telles vicissitudes, qu'en le supposant même éternel, il ne doit pas nous paroître aujourd'hui dans un autre état, que celui où nous le voyons.

A l'égard de l'objection tirée de l'invention des Sciences & des Arts, indépendemment du Systême dont je parle, qui ôte à cette difficulté la plus grande partie de sa force, on pourroit répondre, que l'esprit humain n'invente que peu à peu, & si lentement, que pour produire la moindre nouveauté il lui faudra souvent plusieurs siecles, *a*,: qu'on a perdu une infinité de secrets rares, dont l'Histoire nous a conservé le souvenir; & que comme les découvertes qu'on a faites depuis deux siécles en quelque genre que ce soit: seront certainement ensevelies un jour dans l'oubli, les Anciens en avoient fait peutêtre un bien plus grand nombre, qui n'ont pû parvenir jusqu'à nous: que l'invention des Sciences & des Arts n'est pas même aussi récente, qu'on voudroit le faire croire, comme il est aisé de le montrer, en remontant jusqu'aux siécles les plus reculés: que les Romains, qui à réduire les choses à leur juste valeur, ne nous cédoient certainement point en connoissances utiles & agréables, étoient redevables aux Grecs de presque tout ce qu'ils sçavoient: que les Grecs avoient emprunté des Egyptiens les lumiéres qui les ont

(*a*) Avec quelle prodigieuse lenteur les hommes arrivent à quelque chose de raisonnable, quelque simple qu'il soit! Conserver la mémoire des faits tels qu'ils ont été, ce n'est pas une grande merveille. Cependant il se passera plusieurs siécles, avant qu'on soit capable de la faire ; & jusques là les faits dont on gardera le souvenir, ne seront que des visions & des rêveries. , Fonten. de l'Origine des Fables.

rendus

rendus si célébres : que depuis des siécles nombreux ceux-ci avoient atteint la perfection de toutes les connoissances dans les Sciences & dans les Arts, puisque selon vos propres livres, ils étoient déja fameux en ce genre, lorsque le peuple Juif ne faisoit encore que de naître : Que les Chaldéens ne leur cédoient point en cela ; & que les Chinois le disputent aux uns & aux autres.

On pourroit ajouter, que de ces inventions modernes que l'on vante tant, les lunettes d'approche, la Boussole, la Poudre à canon & l'Imprimerie, les deux derniéres sur-tout ne sont nouvelles que pour certains peuples : Qu'elles sont au contraire fort anciennes à la Chine ; ce qui rend très probable qu'elles ont été connues de même chez plusieurs autres nations, & que si elles s'y sont perdues, c'est peut-être parce qu'elles y ont été négligées & méprisées, comme les Turcs ont négligé & méprisé pendant long-tems l'Imprimerie : que ce que nous lisons des voyages & du commerce maritime des Phéniciens, des Carthaginois & de quelques autres peuples, nous laisse encore douter si la Boussole même leur étoit inconnue, ou si du moins ils n'a-voient pas trouvé le moyen d'y suppléer par quelque autre secret que nous igno-rons: qu'après tout, ces nouvelles con-noissances ont beaucoup plus de brillant, que de solidité; & que peut-être elles ne sont aujourd'hui nouvelles, que parce qu'elles sont assez inutiles (*a*) qu'en ef-fet on n'en vit pas à présent plus long-tems, qu'on n'en est pas plus robuste & plus sain, quelques découvertes qu'on ait faites dans l'Anatomie que pour quelques étoile que l'on connoit de plus, l'astrono-mie n'en est pas beaucoup plus parfaite: que pour ignorer ce que nous nommons inventions nouvelles, les Romains & les Grecs, les Egyptiens & les Caldéens n'en étoient ni moins grands, ni moins puis-sans, ni moins riches, ni moins sçavans, ni moins éclairés: que puisque pendant tant de siécles les hommes ont vécu dans l'ignorance de ces connoissances, il n'est pas impossible qu'elle soit encore plus an-

(*a*) Il y a une certaine mesure de connoissances uti-les, que les hommes ont euë de bonne heure, à laquel-le ils n'ont guéres ajouté, & qu'ils ne passeront guéres, s'ils la passent. Pour les autres choses qui ne sont pas si necessaires, elles se découvrent peu à peu, & dans de longues suites d'années. (Dial. des Morts, Dial. d'E-rasistrate & d'Hervé.)

cienne ; & que le monde s'en étant bien passé pendant six à sept mille ans, il a pû s'en passer de même pendant cinquante & soixante mille.

Mais, ajouta Telliamed, pour ne point entrer dans une question, que vous regardez comme liée nécessairement avec le système de votre religion, quoi qu'à mon avis, elle lui soit fort indifférente, contentons nous ici de ne point fixer un commencement à ce qui peut-être n'en a jamais eu. Ne mesurons point la durée passée de ce monde sur celle de nos années. Considérons avec attention ce qui s'offre à nos yeux de cet univers : cette immensité du Firmament, où nous voyons briller tant d'autres Soleils que le notre, qui sans doute ne nous paroissent plus petits, qu'à cause de leur prodigieux éloignement. Figurons nous ce qui est devenu très-vraisemblable depuis l'invention des lunettes d'approche, que si nous étions placés au plus haut point de cette distance de notre terre, nous en découvririons peut-être autant au-dessus de nous, qui ne seroient pas moins éloignés de notre vue. Cherchons enfin la maniére dont ce tout se perpétue dans

i ij

l'ordre à peu près où nous l'avons trouvé. Cette connoissance nous apprendra mieux que toutes nos conjectures, comment il a été formé.

Systême du mouvement général des globes. Nos yeux, la raison, l'expérience, & les découvertes qu'on a faites dans le Ciel depuis l'invention des lunettes d'approche, nous ont appris, que le Soleil fait tourner autour de lui par sa chaleur & par le mouvement qui lui est propre, notre Terre & les autres Planettes qui sont à la porté de l'activité de son feu, ou comme disent vos Philosophes, dans son tourbillon. Nous sçavons encore, qu'en les emportant autour de lui dans cette mer de matiéres qui l'environne, & dans un tems plus court ou plus long, selon leur plus grande proximité ou leur plus grand éloignement de son disque, il les fait encore tourner sur elles-mêmes, les unes plus vîte, les autres plus lentement, suivant les dispositions qui leur sont propres. Il faut cependant en excepter la Lune, les Satellites de Jupiter & ceux de Saturne, qui tournent à la vérité autour du Soleil, mais qui dans ce circuit sont emportés par leurs propres Planettes, du mouvement desquelles autour de cet

Astre ils empruntent & reçoivent le leur. Ainsi la Lune emprunte & reçoit le sien de notre Terre, sans qu'elle tourne sur elle-même ; ensorte qu'elle ne nous présente jamais qu'une des moitiés de sa surface, & toujours la même. C'est ce qui sans doute a également lieu pour les Satellites de Jupiter & de Saturne.

A ces observations générales ajoutez que le Soleil, ou du moins la force de sa lumière reçoit de tems en tems des altérations. L'Histoire Romaine nous apprend, par exemple, qu'après la mort de Jules César sa chaleur fut si foible pendant près de deux ans, qu'à peine les choses nécessaires à la la vie purent parvenir à leur maturité. D'ailleurs nous remarquons dans son disque par intervalles des taches, qui s'approchent & s'éloignent les unes des autres, & qui ensuite se dissipent. Nous y appercevons de même avec des lunettes un grand nombre de Volcans, ou de bouches qui jettent des flammes, & dont les bords obscurs rendent à nos yeux ces fournaises plus sensibles.

Nous sçavons aussi que ses rayons ne produisent pas le même effet, lorsqu'ils

Altérations & vicissitudes auxquelles ils sont sujets.

frappent sur les eaux, que quand ils tombent sur un globe solide; que même leurs vibrations ne sont pas toujours égales. Delà il est arrivé que nos jours sont un peu plus longs, qu'ils ne l'étoient précédemment, & que du tems de Jules-César ils l'étoient plus qu'auparavant. Nous devons en juger ainsi, puisqu'il fallut alors en retrancher un certain nombre, pour rapprocher les Equinoxes du point véritable d'où ils s'étoient éloignés, & composer un nouveau Calendrier, qui prit le nom de ce Dictateur. Mais sous le Pontificat du Pape Gregoire IX. connu par une pareille réformation, ne fallut-il pas retrancher encore onze jours de l'année, pour ramener les saisons au point naturel, d'où elles avoient varié? Enfin après le petit nombre d'années qui se sont écoulées depuis cette seconde réforme, on trouve déja aujourd'hui deux autres jours à retrancher; ce qui ne peut procéder que d'une altération survenue dans la force du feu du Soleil, ou du changement arrivé dans la surface de notre globe par la diminution des eaux de la mer.

En effet, je vous prie de faire encore avec moi une observation qui est essentielle, puisqu'elle nous conduira à la connoissance des raisons de cette variation qu'on remarque dans la nature, soit par rapport aux saisons, que produit le cours annuel de la Terre autour du Soleil, soit par rapport à la longueur des jours, & au plus grand nombre de cercles qu'elle paroît d'écrire dans la partie Septentrionale, que dans l'Australe; ce que les Philosophes ont eu tant de peine à expliquer. Il est certain que la figure de la Terre n'est point ronde, comme on le supposoit autrefois, mais oblongue. C'est ce qu'on a reconnu en mésurant exactement les dégrés du Méridien d'une extrêmité de la France à l'autre, c'est-à-dire, de la partie septentrionale à la méridionale. Elle se trouve allongée d'un Pole à l'autre de trente deux ou trente-quatre de nos lieues; ensorte que sa forme est celle d'un œuf. Elle est même un peu plus longue de l'Equateur au Pole Arctique, que du même Equateur au Pole opposé: du moins est elle plus pésante, puisque du point où dans son circuit annuel autour du Soleil elle cou-

Raison de l'inégalité des jours & de la ronde des saisons.

pe la ligne Equinoxiale, entrant dans la partie septentrionale, jusqu'à son retour vers cette même ligne, elle tourne six à sept fois sur elle-même plus que dans la partie méridionale. Cette plus grande longueur dans un des Poles est la vraie raison, pour laquelle le globe de la terre ne peut varier d'état, en tournant sur lui-même & autour du Soleil. Ainsi pour expliquer cette stabilité, il n'est plus nécessaire d'avoir recours comme autrefois à ces matières subtiles & à ces courans d'air, qu'on supposoit passer d'un Pole à l'autre. La figure seule de la Terre, & sa plus grande pésanteur du côté du Pole Arctique que de l'opposé, est l'unique cause pour laquelle elle ne peut changer d'axe, & penche d'avantage du côté du Pole septentrional, en s'élévant d'autant vers le méridional.

Le globe de la Terre est donc semblable à un fuseau, qui se dévideroit sur un bassin d'une eau tranquille par une personne, qui d'un des bords tireroit à elle un fil roulé autour du fuseau. Il tourneroit en se dévidant de la manière qu'il est naturel de se l'imaginer, & du sens auquel il seroit arrondi ; & il seroit
mai-

maintenu en cet état par la forme allongée de ses deux extrêmités. Que si un de ses bouts étoit plus gros & plus pésant que l'opposée, il est clair qu'en se dévidant, la partie la plus pésante s'enfonceroit dans le bassin, tandis que l'autre s'éléveroit à proportion au-dessus du niveau de l'eau.

Or, c'est ainsi que la Terre frappée des rayons du Soleil, qui font sur elle l'effet du fil dont le fuseau seroit entraîné, tourne sur elle-même en vingt-quatre heures; que par la plus grande pésanteur du Pole Arctique, elle s'enfonce davantage du côté de ce Pole dans l'air tranquille où elle se meut, tandis que le Pole opposé s'éléve à proportion ; & que par la forme allongée de ses deux Poles elle est maintenue dans cette disposition à l'égard du Soleil & des autres Astres, sans pouvoir changer d'axe dans son mouvement diurne, & dans son cours annuel, qu'elle accomplit en 365. de nos jours, & environ un quart. C'est par cette même raison, que dans cette situation elle parcourt, non la ligne Equinoxiale, mais celle du Zodiaque qui coupe en deux la premiere, & donne lieu deux fois à l'inégalité des jours & des nuits, & à la diversité des saisons. C'est enfin pour cette raison, qu'elle fait plus de séjour, & tourne six à sept fois de plus sur elle-même dans la partie septentrionale du Zodiaque, que dans la méridionale.

Tels sont les deux mouvemens, qu'une impulsion unique communique à la Terre. Frappée des rayons du Soleil, elle tourne sur-elle-même dans un air libre en un de nos jours ; & inclinée de vingt-trois dégrés vers le Pole Arctique, elle parcourt en un an tous les points de l'Ecliptique, coupe en deux parties obliques, au Printems & à l'Automne, la ligne Equinoxiale, & dans ce tour annuel éprouve les quatre saisons en ses diverses parties.

Observez encore, que lorsque tout le globe de la terre étoit couvert d'eau ; comme je vous ai prouvé que cela a dû être, la ligne Equinoxiale étoit celle, ou à peu près celle, par laquelle la Terre décrivoit son cercle autour du Soleil. Alors les jours auroient été égaux aux nuits pendant toute l'année pour ses habitans, s'il y en eût eu ; & ils furent à peu près tels pour les premiers hommes.

Alors aussi tous les jours de son circuit annuel autour du Soleil étoient à peu près égaux. Mais comme les eaux de la mer renfermoient en leur sein des montagnes beaucoup plus grandes dans la partie septentrionale, que dans la méridionale, dont parconséquent les mers étoient beaucoup plus profondes, à mesure que les eaux ont diminué, l'égalité qui avoit été jusques là entre les deux parties du globe s'est affoiblie. Alors par la diminution de ses eaux le Pole méridional a perdu le poids, qui s'est consérvé dans le septentrional, parce que ces mers renfermoient des montagnes prêtes à paroître, dont le poids subsiste. Ainsi s'est fait dans les Poles de la Terre, cette variation relative à la position du soleil & à l'état du Firmament de l'étendue de vingt trois dégrés, qui tient le Pole Arctique toujours plus bas d'autant, que le côté opposé. Si les hommes étoient assez nombreux & assez forts, ou assez persévérans, pour vouloir transporter des parties du Nord des pierres & des terres en assez grande quantité, il n'y a point de doute qu'ils ne pussent rétablir l'équilibre qui s'est perdu, réformer la situation du globe, & changer la difposition de la nature.

On a reconnu depuis peu, qu'il y a auffi dans le globe de la Lune une inclination des axes, c'eſt-à-dire, un Ecliptique, qui aulieu qu'il eſt ſur le globe de la Terre de vingt-trois dégrés, ne penche que de trois dans la Lune. Cette inclination procéde ſans doute de la même cauſe, qui a produit le même effet dans le globe de la terre, je veux dire, de la diminution de ſes eaux. On prétend qu'autrefois il penchoit davantage ſur la Terre, & que depuis un certain tems il s'eſt rapproché d'un dégré de l'Equateur. La raiſon eſt aiſée à comprendre, ſi l'on ſuppoſe que depuis ce tems là il s'eſt amaſſé plus de terres dans les mers méridionales, qu'il n'y en avoit auparavant, l'inclination plus ou moins grande dépendant, comme je l'ai dit, du plus ou du moins de péſanteur qui ſe rencontre dans les deux Poles.

On remarque auſſi de la variation dans la longueur du circuit annuel de la Terre autour du ſoleil ; même dans celle de ſon mouvement diurne. C'eſt ce qui fait le jour naturel plus court aux Equinoxes, & plus long vers les solstices; ensorte que les mois de Decembre & de Juin sont plus longs d'environ vingt minutes, que ceux de Mars & de Septembre. Mais cette variation procéde toujours de la diminution des eaux de la mer, & de ce qu'elle a découvert des terrains en certains endroits du globe, tandis que dans d'autres elle couvre encore plusieurs de ses parties. En effet comme il y a plus de terres que de mers sous la ligne Equinoxiale, le globe plus fortement frappé des rayons du soleil lorsqu'il lui montre ses parties terrestres, que lorsqu'il ne lui présente que les aquatiques, où la force de ces mêmes rayons s'émousse & se perd, tourne alors avec bien plus de vîtesse qu'aux solstices où il se trouve plus de mers; & il tourne plus vîte au solstice d'Eté qu'au solstice d'Hyver, parce que les parties terrestres du Pole méridional sont encore aujourd'hui semées de plus de mers. Le changement de conformation arrivé dans le globe de la terre par la diminution des eaux de la mer, est ainsi la cause de la variation survenue dans le tems qu'elle employoit de plus, selon les supputations qui nous restent des anciens Astronomes, à achever son cours annuel autour du soleil. Cette variation a entraîné la nécessité des reformations & des retranchemens faits jusqu'ici aux Calendriers ; & elle sera la cause des suivans, qui pourront dépendre aussi de la variation qui arrivera dans la force du feu du soleil, qui ne peut manquer de s'affoiblir d'un jour à l'autre.

Changemens arrivés à l'état du Ciel.

Permettez-moi, Monsieur, continua notre Philosophe, d'ajouter à ces observations quelques réfléxions sur l'état du Ciel. Les histoires des tems les plus éloignés & les plus voisins nous apprennent, que certaines étoiles ont disparu, & qu'il s'en est montré de nouvelles ; que de petites se sont augmentées, & que de grande sont devenues petites. La Constellation des Pléiades, par exemple, étoit d'abord composée de sept étoiles ; depuis on n'y en a plus compté que six (a). On en a perdu une dans la petite Ourse, & une autre dans Androméde : mais depuis 1664. on en a découvert deux nouvelles dans l'Eridan ; & il s'en trouve au-

(a) Pleiades ante genu septem radiare feruntur :
  Sex tantùm apparent ; sub opacâ septima nube est. (Ovid. Metam)

jourd'hui quatre vers le Pole, dont les anciens Astronomes n'ont point parlé. Il y en a d'autres, qui tantôt paroissent, & cessent ensuite de se montrer. En 1572. on en découvrit une nouvelle dans la Constellation de Cassiopée, avec une lumière plus éclatante que les autres : elle diminua ensuite, & disparut totalement au bout de deux ans. Il s'en montra une en 1601. dans la poitrine du Cygne; & vingt-cinq ans après elle disparut. On la revit au même endroit au bout de trois ans; après quoi elle diminua si considérablement d'un jour à l'autre, que deux ans après on ne la vit plus : mais après cinq autres années, & en 1636. elle se remontra, beaucoup plus petite que dans ses premières apparitions. Celle du col de la Baleine, & une autre qui est dans la ceinture d'Andromède, ont paru & disparu de même plusieurs fois.

Outre ces Phénomènes, les histoires de presque toutes les Nations font mention d'un grand nombre de Comètes, qui se sont montrées par intervalles, les unes plus grandes, & les autres plus petites, en une partie du Ciel ou dans l'opposée, quelquefois pendant long-tems, d'autres fois pendant seulement peu de jours. On en a vû qui occupoient trois Signes du Zodiaque, & qui ont resté pendant trois mois entiers à portée de nos yeux. Il ne faut pas avoir vécu fort longtems, pour en avoir apperçu.

On peut mettre au nombre des observations qui se font dans le Ciel, les changemens sensibles que les lunettes nous ont appris arriver chaque jour dans les globes nombreux qui y roulent. On en a remarqué plusieurs dans la Lune & dans Jupiter, & il ne se passe presque pas de mois, que Mars ne soit sujet à ces variations.

En retournant ensuite aux faits qui sont plus à notre portée, nous trouvons dans les anciennes histoires, qu'il y a eu des tems où les hommes vivoient mille ans, & n'engendroient qu'à cent cinquante. Selon les vôtres, les hommes des premiers siécles vivoient ces grands âges. Celles des Egyptiens font aussi mention d'un Prince qui, disent-ils, régna sur eux mille années. Or en méditant sur toutes ces connoissances, & les combinant les unes avec les autres, je ne puis douter, que sans qu'il arrive d'altération dans ce

tout

tout dont l'univers est composé, il se fait cependant une transformation réelle de l'état & de la disposition où nous l'avons trouvé, en un autre qui ne sera pas moins sujet au changement.

Ce qui s'est passé autrefois dans le Soleil, & ce qui s'y passe encore chaque jour, m'apprend qu'il est un globe totalement embrasé, de la nature du nôtre qui ne l'est encore que très peu, & en quelques endroits seulement : que ces mers de feu le consument : qu'il y a eu des tems, où ces mers enflammées se sont trouvées couvertes de la crasse des matiéres qui leur servent d'aliment ; & qu'on doit en juger ainsi par les tâches qui s'y remarquent de tems en tems, & qui se dissipent ensuite : que le feu agit continuellement sur la matiére, dont ce globe est composé ; & qu'il arrivera un tems où l'ayant toute consumée, il s'éteindra entiérement, après s'être affoibli insensiblement, à proportion de la diminution de l'aliment qu'il y rencontre. L'extinction de la septiéme étoile qui se voyoit dans la Constellation des Pléiades, celle de tant d'autres aussi connues qui ont disparu, rend cette opinion plus certaine, puisqu'on ne peut pas dire que ces corps ayent été anéantis. L'apparition de certaines autres qui ne s'étoient point montrées auparavant me confirme encore dans ce sentiment. Car vous ne pensez pas sans doute, qu'elles doivent leur origine à une nouvelle création ; ce seroit un prodige, dont la nature ne nous fournit aucun exemple. On ne peut donc douter que ce ne soient des corps opaques, qui se soient assez embarrassés, pour d'invisibles qu'ils étoient dans leur état d'obscurité, être devenus sensibles à nos yeux par leur embrasement.

De l'apparition des Comètes. L'apparition des Comètes est une nouvelle preuve de ces vicissitudes. Je sçai ce que la plûpart de vos Philosophes ont pensé à ce sujet, & combien leurs sentimens sont peu uniformes sur cet article. Pour moi, je ne doute point que ces Comètes ne soient des globes opaques, que le Soleil dont ils étoient régis ait mis par son extinction, ou par l'affoiblissement de son feu, dont l'activité les retenoit dans son tourbillon, en liberté, pour ainsi dire, d'aller chercher fortune ailleurs. Peut-être aussi pourroit-on croire, que ce sont les restes de ce même Soleil encore entier ou brifé, qui paſſant aſſez près de nous pour être apperçus, reſtent plus ou moins de tems viſibles, & nous paroiſſent avoir des queues, des barbes ou des chevelures, ſelon qu'ils s'approchent plus ou moins, & qu'ils réfléchiſſent vers nous les rayons du Soleil dont ils ſont frappés. Je ne doute point, par exemple, que cette Comète dont la ſuite occupoit trois Signes du Zodiaque, ne fut les débris du corps d'un ſoleil briſé, dont les différentes pièces ſe ſuivoient en leur paſſage, & formoient cette longue traînée. Je juge que ces corps ſont ainſi vagabonds, juſqu'à ce que paſſant aſſez près d'un autre Soleil pour entrer dans ſon tourbillon, ils y ſont arrêtés par l'activité de ſon feu, qui les oblige de tourner autour de lui.

Or dans cet événement, s'ils entrent dans ce tourbillon en un endroit, où ſoit déja placé un autre globe opaque de moindre groſſeur, ils l'entraînent autour d'eux-mêmes, aulieu qu'auparavant il étoit emporté autour de ſon Soleil. Au contraire celui qui entre dans le tourbillon particulier d'un globe plus gros que lui, eſt emporté autour de ce plus

l ij

gros corps ; & pirouettant autour de lui ; il est entraîné conjointement autour du Soleil qui anime ce tourbillon. Par exemple, si la Terre plus grosse que la Lune est entrée après celle-ci dans le tourbillon de notre Soleil, comme j'ai quelque lieu de le croire, elle y entra jusqu'à la distance du cercle paralléle, que la Lune décrivoit autour du soleil. Là elle fut arrêtée, & obligée de tourner sur elle-même & autour de l'Astre à cette distance. Cependant la Lune faisant son cours, & passant dans la matiére qui tournoit avec la Terre, fut arrêtée elle-même dans ce tourbillon particulier, & obligée de tourner autour de la Terre, aulieu qu'auparavant elle tournoit seule autour du soleil. Si au contraire la Terre étoit placée dans ce tourbillon avant la Lune, celle-ci y étant entrée à l'endroit que la Terre occupoit, & donnant dans le tourbillon qui lui étoit propre, fut entraînée autour d'elle, & avec elle autour de l'Astre. De même si une Cométe plus grosse que Mars entroit aujourd'hui dans notre tourbillon à l'endroit du cercle paralléle, que Mars décrit autour du soleil, il n'y a point de doute qu'y étant arrêtée par la force des rayons de l'Astre, & obligée d'y tourner sur elle-même, lorsque Mars arriveroit dans la matière du tourbillon particulier de cette Comére, il ne fût forcé de tourner au tour de cette nouvelle Planette, & conjointement avec elle autour du soleil. C'est ainsi sans doute, que les quatre satellites de Jupiter ont été engagés dans son tourbillon, & obligés de tourner autour de lui en plus ou moins de tems, suivant leur éloignement plus ou moins grand de cette Planette. On doit penser la même chose de ceux de Saturne. Son anneau est peut-être aussi une suite des débris d'un soleil brisé, qui se seront trouvés engagés dans son tourbillon particulier.

Revenons à mon opinion de probabilité, que notre globe est entré dans le tourbillon du soleil, lorsque la Lune y étoit déja placée, & qu'elle le pénétra dans le paralléle du cercle que la Lune y décrivoit. Je la fonde sur une ancienne tradition des Arcadiens, que votre Ovide nous a conservée (*a*). Vous sçavez

D: l'entrée du globe de la terre dans le tourbillon du Soleil.

( ) C'est au deuxiéme livre des Fastes, ou rappor-

que ces peuples se disoient les plus anciens de la Terre ; mais ce qu'il y a de singulier, est qu'ils ajoutoient, que leurs ancêtres l'avoient habitée, avant que le soleil & la Lune leur eussent apparu, & fussent nés pour eux. Vous direz sans doute, que cette prétention des Arcadiens doit être regardée comme un effet de leur vanité, ou même comme une simple expression poetique, qui bien appreciée signifie seulement, que ce peuple étoit fort ancien. Mais outre qu'Ovide rapporte cette tradition comme constante, outre que Pausanias en parle de même, elle passoit en effet pour telle, puisque les Arcadiens étoient appellés communément d'un mot Grec, en Latin (Antelunaires,) c'est-à-dire, Nation antérieure à la Lune.

D'ailleurs le soin que les Egyptiens, grands Astronomes & grands observateurs du Ciel, avoient pris dans les temples qu'ils consacroient au soleil, de dédier des Autels à chacune des Planettes,

---

tant l'origine des Lupercales, & pourquoi les Prêtres du Dieu couroient nuds dans cette solemnité, dit :
Ante Jovem genitum terra habuisse feruntur
Arcades, & Luna gens prior illa fuit.

& de les y placer dans l'ordre qu'elles observent autour de cette Aftre, avec leurs noms, leurs cours, & le tems qu'elles employent à le faire; ces précautions, dis-je, me porteroient volontiers à croire, qu'elles avoient pour objet d'établir un si grand événement, & d'en perpétuer le souvenir. Mais nous ne pouvons plus en tirer que des conjectures, ayant déja perdu la connoissance des caractéres hieroglyphiques, que l'on voit encore gravés autour de chacun de ces Autels, & sur les murs de ces temples. Cet événement, & le nouvel arrangement du Ciel à notre égard survenu à cette occasion, y étoient marqués sans doute avec précision.

Cependant si à la tradition des Arcadiens, & à ces précautions des Egyptiens, nous joignons ce que les histoires nous apprennent de ces grands âges, que les hommes vivoient il y a sept à huit mille ans; ces vies de près de dix siécles, dont votre Genèse fait mention : ce régne de mille ans d'un Roi d'Egypte, dont la mémoire subsiste encore: nous trouverons dans l'union de ces faits une preuve très-vraisemblable d'un arrange-

Du grand âge des premiers hommes.

ment de notre globe autour d'un soleil différent de celui qui nous éclaire.

En effet la vie des hommes n'a jamais été certainement ni plus longue, ni plus courte, comme le peuple veut se l'imaginer. La durée en est dans la nature. Si l'on pouvoit y admettre quelque différence de ces anciens tems à ceux-ci, elle seroit toute entiére en faveur des hommes sages & modérés de la génération présente. N'ont-elles pas plus de moyens & de commodité de conserver leur vie & de la prolonger, que n'avoient nos ancêtres, lorsqu'ils habitoient dans des cavernes, qu'ils dormoient sur des feuilles d'arbres, ou sur la dure, & ne se nourrissoient que des herbes & des fruits, que la terre sans culture produisoit d'elle-même? D'un autre côté ces nombreuses années auxquelles on a cherché à trouver une mesure, qui approchât de la vraisemblance, n'étoient certainement point des années lunaires, puisque par là on ne peut lever la difficulté. Ce n'étoient pas non plus des années d'une seule Lune, comme quelques-uns de vos Auteurs l'ont imaginé : encore moins étoient-ce des années de trois mois, comme d'autres

tres l'ont soutenu. L'un de ces termes est trop court, l'autre encore trop long. On n'est pas encore ordinairement capable d'engendrer à cent vingt ou à cent quarante mois ; & la génération seroit trop tardive, si elle n'arrivoit qu'au bout de quatre cens cinquante mois. Il n'y auroit aussi rien d'extraordinaire dans une vie de mille Lunes : d'ailleurs une d'environ trois mille mois ne conviendroit point avec les régles de la nature, qui ne changent point, ou ne varient que de peu. Delà je tire cette conséquence, que les années d'alors étoient mesurées, comme elles le sont encore aujourd'hui, par la durée du circuit de la Terre autour du soleil ; mais je pense que cette durée étoit moyenne entre le tems d'une lune, & celui de trois de nos mois, ensorte que dans ce terme la Terre achevoit son cours annuel. Le soleil qui la régissoit alors étoit sans doute plus petit que le nôtre ; ou plus vraisemblablement l'activité de son feu étoit si foible, que notre terre pouvoit achever son cercle autour de lui dans un espace de soixante jours ou un peu moins.

Ce feu mourant fut aussi la cause de

ces pluies continuelles, qui occasionnerent ce Déluge, dont les eaux couvrirent, je ne dis pas peut-être toute la terre, mais une grande partie de ses terrains. Ce Déluge se fit sentir en Grèce & en Egypte, comme l'Histoire de ces Peuples en fait mention (*a*); mais les montagnes de la Thessalie & de l'Arcadie, & celle du Mokatan qui borde le Nil, donnerent azile aux habitans de ces pays. Les Arcadiens nous ont conservé la mémoire du changement, qui se fit alors dans le Ciel à l'égard de la Terre, & de l'apparition d'un nouveau so-

---

(*a*) On prétend qu'il y a eu plusieurs Déluges, & qu'ils ont tellement innondé certains pays, qu'à peine s'en est-il sauvé quelques habitans. Les plus anciens sont ceux d'Osiris & d'Ogyges; & le plus fameux est celui de Deucalion. Tous ces Déluges bien appreciés pourroient peut-être bien se réduire à un seul. Personne n'ignore la fable de Deucalion & de Phyrrha. Justin l'explique au deuxième livre de son Histoire. Du tems d'Amphyction Roi d'Athènes, un Déluge fit perir, dit-il, la plus grande partie des peuples de la Grèce. Il n'échappa que ceux qui purent se retirer sur les montagnes, & un petit nombre d'autres, qui se sauverent par bateaux dans la Thessalie, où régnoit alors Deucalion. Aussi dit-on de lui qu'il avoit rétabli le genre humain. Ne pourroit-on pas dire aussi, que par ces pierres qui s'animoient entre les mains de Deucalion & de Pyrrha, les anciens avoient voulu figurer la grossiéreté de cette première race d'hommes sortis d'une autre, qui devoit son origine à cet événement.

leil & d'une nouvelle Lune. Les Egyptiens avoient voulu peut-être nous transmettre le même fait. Votre histoire nous apprend aussi, qu'àprès le Déluge la vie des hommes fut réduite à cent vingt ans. Delà nous devons conclure, que la terre ayant alors changé de mobile & de soleil, cent vingt de ses circuits autour de cet Astre étoient la mesure de neuf-cens cinquante ou environ de ceux qu'elle décrivoit autour du précédent. En un mot près de mille ans que vêcurent plusieurs de vos Patriarches, est un terme infiniment au-dessus de la vie des hommes, si vous comptez ces années par le nombre des cercles, que le globe de la Terre décrit aujourd'hui autour du Soleil. D'un autre côté compter ses années par des Lunes est, comme je l'ai dit, une mesure trop courte à cent vingt de ces tours, auxquels Moïse assûre que la vie fut bornée après le Déluge. Il faut donc opter ? Ou bien les années se comptoient par lunes avant le Déluge, & eurent une mesure plus longues après ce grand événement ; ce que Moïse eût dû nous apprendre, & ce qu'il n'a point fait : ou il faut convenir, que comme ce

m ij

ne fut pas sur la durée d'une Lune que l'année se compta depuis le Déluge, elle dût de même avoir une autre mesure auparavant. Or il est évident que cette mesure ne pût être autre avant le Déluge comme après, que celle du circuit annuel de la Terre autour du soleil, suivant laquelle les hommes ne mouroient qu'à l'âge de plus de 900. ans, sans vivre cependant plus long tems qu'à présent. D'où l'on doit conclure, qu'avant le Déluge, le cercle de la Terre autour du soleil étoit beaucoup plus petit, que celui qu'elle y décrit aujourd'hui ; que parconséquent elle changea de mobile en cette occasion. Or il est évident que cela cela ne put arriver, que par cette transmigration d'un tourbillon à un autre, dont Pausanias & Ovide nous ont conservé la mémoire.

Si les Histoires des Chinois contiennent véritablement, comme on nous l'assure, des événemens suivis depuis quarante mille ans, je ne doute point qu'on n'y trouve des témoignages de celui-ci trop mémorable pour avoir été omis. Mais ces quarante mille ans ne seront pas tous de la même longueur, comme vous devez le penser sur ce que je viens de vous dire, que cent vingt de nos ans en font près de mille de ceux qui ont précédé notre changement de mobile. Ces Annales de quarante mille ans n'en seroient donc peut-être pas dix mille de ce tems-ci. Mais elles suffiroient pour confirmer la vérité de ce grand événement.

Il est d'autant plus croyable, que par la nature de notre Soleil qui se consume insensiblement ; par l'apparition de quelques nouvelles étoiles, & l'extinction de plusieurs anciennes ; par le nombre des Comètes qui ont passé à la vûe de nos ancêtres, ou qui se sont montrées à nos yeux ; par l'état présent de notre terre, qui nous convainc que ce globe s'est trouvé dans une disposition très-différente ; il ne nous est plus permis de douter, que ce tout que nous voyons, ce bel ordre que nous admirons, ne soit sujet à des changemens, & que ce que nous sçavons être être arrivé, ou ce que nous voyons arriver encore, ne continue de se répéter : Que les soleils ne s'éteignent après une certaine durée ; & que des corps opaques ne s'enflament, comme il est de notre connoissance que cela est déja arrivé: Que les globes opaques renfermés dans les tourbillons des soleils qui s'éteignent, après une certaine durée; & que des corps opaques ne s'enflamment, comme il est de notre connoissance que cela est déja arrivé: Que les globes opaques renfermés dans les tourbillons des soleils qui s'éteignent, ne deviennent errans alors dans l'étendue du vaste empyrée, jusqu'à ce qu'ils soient portés dans un autre tourbillon, où ils sont arrêtés par l'activité du feu de l'Astre, comme ils l'étoient auparavant dans le leur, & comme l'ont été tous ceux que nous appellons Cométes: Que ce qui est arrivé à ceux là, ne soit peut-être déja arrivé de même aux Planettes de notre tourbillon, comme aux soleils dont elles étoient auparavant régies, & ne puisse encore arriver dans la suite, tant à notre soleil, qu'aux mêmes Planettes qu'il gouverne: Qu'enfin dans ces révolutions, nos Planettes entrant au hazard dans d'autres tourbillons, ne se trouvent dans des dispositions différentes par rapport à l'Astre principal, que celle où elles sont aujourd'hui par rapport à notre soleil ; soit qu'elles entraînent avec elles des globes plus petits ; soit qu'elles soient emportées elles-mêmes dans le tourbillon particulier d'un globe plus gros ; ou enfin qu'elles soient placées dans un moindre ou un plus grand éloignement d'un nouveau soleil.

Or dans ces différences, les eaux dont elles sont couvertes aujourd'hui augmenteront ou diminueront, selon leur plus ou moins de proximité de l'Astre. C'est ainsi que nous voyons diminuer celles de notre globe, qui certainement l'ont totalement couvert, comme je l'ai établi, & qui peut-être y avoient été amassées dans une position à l'égard d'un soleil précédent différente de celle où il se trouve. Il ne se perd rien de la matière (*a*) ; & ces eaux qui manquent à ce volume, que nous sçavons avoir surmonté les plus hautes de nos montagnes, n'ont point été anéanties : elles subsistent, en quelques lieu qu'elles ayent été portées. La diminution des eaux de nos mers

___

(*a*) Nam neque adaugescit quidquam, neque deperit indè. (Lucret. l.b. 2.)

procéde d'une véritable évaporation, qui les éléve vers d'autres globes.

Du renouvellement des globes. Oui: ce que les rayons du soleil enlévent de matiéres aux globes les plus voisins de lui; la poussiére, les particules d'eau dont ils se chargent en les faisant mouvoir, & en passant avec rapidité vers les plus éloignées; ce que ces mêmes rayons contiennent de la propre substance du soleil qu'ils dévorent, d'où ils partent & sont dardés; tout cela dis-je, est porté à travers le fluide de l'air à l'extrêmité du tourbillon, où l'activité de ces rayons à la fin amortie & languissante, n'a pas plus de force, qu'en ont pour notre terre pendant la nuit ces mêmes rayons du soleil refléchis de la Lune.

C'est là qu'au milieu d'un air presque sans mouvement, ils se dépouillent des matiéres dont ils sont chargés. C'est aussi à cette extrêmité du tourbillon, où le cadavre d'un soleil éteint, qui y aura été poussé par sa légereté, reçoit les dépôts de ces matiéres, & recouvre à leur faveur ce qu'il avoit perdu d'humidité & de pesanteur pendant qu'il étoit enflammé. C'est là que s'enrichissant de la dépouille

pouille des autres, ces globes sont recouverts d'eaux, regagnent avec elles des limons, qui rétablissent en eux le poids & la substance qu'ils avoient perdus. C'est dans le sein de ces eaux, que les cendres qui sont restées de leur incendie, les sables, les metaux, les pierres calcinées, sont roulés & agités par les courans des nouvelles mers qui s'y amassent ; & que de tout cela il se forme sur la croûte de l'éponge de nouveaux lits, les uns de sables fins, les au- de grossiers, quelques-uns de terres argiles, de limons & de boues de diverses qualités & de couleurs différentes. Et ce sont ces lits qui composeront un jour les carriéres de pierres de divers genres, de marbres, d'ardoise, & de toutes les espéces de minéraux, & avec elles les collines & les montagnes de ces globes, lorsque par la succession des tems, & les vicissitudes qui arriveront dans les tourbillons, les eaux dans lesquelles ce tout ce sera formé & arrangé viendront à cesser de croître, ensuite à diminuer. Car c'est encore de leur diminution, que sortiront les montagnes de ces nouvelles terres, ainsi que les nôtres en ont été tirées.

Il peut cependant arriver dans la dissolution d'un tourbillon, qu'un globe déja habité soit placé dans un tel éloignement de l'Astre du tourbillon où il sera arrêté, que ce globe dont les eaux auroient diminué en partie dans sa position précédente, acquere de nouvelles eaux, au lieu de perdre les siennes ; que ces eaux augmentent de sorte, qu'il en soit totalement recouvert, & que tous ces habitans périssent ; qu'ainsi sans avoir passé par l'état du feu, ce globe soit accrû par de nouveaux limons. Si l'on pouvoit creuser jusqu'au centre du nôtre, & y parcourir les divers arrangemens de matiéres dont il est composé, on seroit en état de juger sur ces recherches, s'il s'est trouvé dans plusieurs submersions successives & totales, après avoir été habité, sans avoir été la proye des flammes. En ce cas on rencontreroit dans le globe les vestiges de plusieurs Mondes arrangés les uns sur les autres ; des Villes entiéres, des monumens durables, & tout ce que nous remarquons aujourd'hui sur la surface de notre la terre. Car on doit penser, que si dans l'état présent notre globe venoit à être totalement couvert des eaux de la mer avant que de s'enflammer, tout ce que nous voyons resteroit enseveli sous l'épaisseur des limons, des sables & de la vase des mers dont il seroit inondé, que ces eaux venant ensuite à diminuer, il en renaîtroit un nouveau monde placé sur celui-ci, & qu'il seroit ignoré de ses habitans, comme nous ignorons celui qui peut-être a précédé le nôtre, & qui est trop profondément enseveli dans les entrailles de la terre, pour que nous puissions arriver jusqu'à ses vestiges.

Pour vous faire mieux comprendre les diverses manieres, dont ces changemens peuvent arriver dans les globes, permettez-moi, Monsieur, de vous faire souvenir, que dans nos entretiens précédens j'ai distingué deux sortes de montagnes: les unes que j'ai appellées primordiales, & qui ont été fabriquées dans le sein des flots, lorsqu'ils couvroient encore toute la surface de la terre ; les autres qui ne sont, pour ainsi dire, que les filles de celles-là, & qui depuis la découverte des premiers terrains se sont formées de leurs

Origine des Volcans.

n ij

débris. Je vous ai fait obferver auffi, que la mer n'étant devenue capable de produire des herbes, des plantes & des poiffons, que lorfque fes fonds furent affez voifins de fa fuperficie, pour que les rayons du foleil les rendiffent propres à la fécondité, ces grandes montagnes, ces montagnes primordiales, ne renfermoient dans leur fein aucune matiére étrangére; qu'elles n'étoient compofées que de fable, plus gros ou plus fin, fans aucun mélange de tous ces corps étérogenes, qui fe rencontrent dans les autres.

Ce fut donc après la découverte de ces premiers terrains, & lorfqu'ils furent revêtus d'herbes & de plantes, lorfque la mer fe vit peuplée de poiffons & de coquillages, que fe formerent ces montagnes poftérieures des débris des premieres, & des matiéres différentes dont les courans de la mer fe trouverent chargés. Auffi eft-ce dans celles-ci, que fe rencontrent, comme je vous l'ai dit, tant de corps étrangers, des herbes, des plantes & des arbres, des poiffons & des coquillages. C'eft là que fe trouvent les métaux & les minéraux, les pierres précieufes, tout ce qui fait l'ornement du globe, les commodités de la vie, le foutien du luxe, l'objet de l'ambition & de la cupidité. Or c'est par la compofition de ces dernieres montagnes, que dans la durée de leur exiftance & l'état de leur fertilité, les globes opaques contractent ce qui doit un jour la leur faire perdre.

D'où penfez-vous en effet que les Volcans tirent leur origine, fi ce n'eft des huiles & des graiffes de tous ces différens corps inférés dans la fubftance de ces montagnes? Tous ces animaux qui vivent & meurent dans le fein des flots, (& il y en a de prodigieux, tels que les Baleines dont on tire une fi grande quantité d'huile) tant d'arbres morts, de plantes & d'herbes pourries font partie de ces maffes, que la mer a élévées. C'eft de ces corps huileux & combuftibles, que les montagnes du Véfuve, de l'Etna, & tant d'autres qui, comme elles, vomiffent des torrens de feu, font farcies dans leurs entrailles. Ce charbon de terre qu'on trouve en Angleterre & en tant d'autres pays, eft-il autre chofe qu'un amas fait par la mer aux endroits d'où on le tire, d'herbes & de la graisse des poissons ? N'est-ce pas ce qui le rend combustible, ainsi que de mauvaise odeur ? C'est à ces Volcans, manifestes ou non, que nous devons tous nos minéraux & nos métaux, l'or, l'argent, le cuivre, le plomb, l'étein, le fer, le souffre, l'alun, le vitriol, le vif-argent, que leur feu a d'abord attaché aux cheminées, que leurs flammes s'étoient pratiquées. C'est à leur imitation, que l'art de la Chimie s'est formé & perfectionné, & que travaillant à découvrir le secret de transformer les métaux & de commuer les essences, nous avons trouvé celui de nous appauvrir, en cherchant à devenir riches. Juste punition des égaremens de notre esprit.

Mais laissant à part cette vaine & dangéreuse science, à laquelle nous devons d'ailleurs la découverte de mille secrets curieux & utiles, nous devons être persuadés que ce sont ces Volcans, qui opèrent insensiblement l'extinction de l'esprit de vie dans les globes, & enfin leur embrasement total. Car quoi qu'ils ne soient pas également combustibles dans toutes leurs parties, cependant les endroits qui le sont véritablement, embrasent à la fin ceux qui le font moins, tels que la pierre & le marbre. Tel est l'ordre établi par l'Auteur de la nature, pour perpétuer à jamais ses ouvrages. La graisse & l'huile de tous les animaux, de tous les poissons, & de tous les corps qui peuvent servir à l'inflammation des globes opaques, s'amassent en certains endroits, ou par la succession des tems toutes ces matiéres s'embrasent. Delà naissent les Volcans, qui se communiquent enfin les uns aux autres, enflamment tout le globe, privent de la génération tout ce qu'il contient d'animé, & en font un véritable Soleil. Ce nouvel Astre par sa chaleur communique à son tour à d'autres globes opaques le pouvoir de la génération qu'il a perdu lui-même; jusqu'à ce que par son activité ayant consumé tout ce qui dans sa substance est propre à entretenir ce feu prodigieux, il s'affoiblisse dans sa durée, s'éteigne enfin, & retourne dans son premier état d'opacité.

Il faut observer aussi, qu'à mesure qu'un soleil s'éteint, il doit naturellement, à cause de la légéreté qu'il a contractée dans le feu qui l'a pénétré & dévoré, être porté à l'extrémité, ou de son propre tourbillon, ou bien ou bien d'un autre. Si c'est à l'extrêmité du sien propre, notre soleil, par exemple, venant à s'éteindre, seroit porté au derrière de la Planette la plus éloignée du centre qu'il occupe. Ce centre seroit alors rempli par Mercure, comme étant la Planette la plus voisine, & la plus disposée parconséquent à s'enflammer assez pour succéder au soleil. En même tems les autres Planettes seroient rapprochées de ce centre du tourbillon ; & elles s'en rapprocheroient encore d'avantage, lorsque le feu de Mercure s'éteignant, & ses débris étant emportés au derriere du cadavre du soleil, Venus occuperoit sa place. Cette succession se continuant ainsi, jusqu'à ce que Saturne la plus élevée des Planettes de notre tourbillon en fût devenu l'Astre & le mobile, après que la Terre, la Lune, Mars & Jupiter l'auroient été tour à tour, il arriveroit que la plus éloignée des Planettes y gagneroit certainement, au lieu d'y perdre ; c'est-à-dire, qu'elle acquéreroit les eaux & les matiéres, qui seroient enlévées aux autres, jusqu'à ce que se rapprochant elle-même du centre du tourbillon, elle cesseroit

cesseroit enfin d'acquérir, pour commencer ensuite à perdre. Aussi devons nous croire, que les eaux de Saturne augmentent encore, peut-être même celles de Jupiter & de ses Satellites. Mais si la succession de la Terre au centre du tourbillon avoit lieu, les eaux de Jupiter diminueroient certainement, si elles ne diminuent déja. On doit penser la même chose de Saturne, au derriere duquel seroient les corps du Soleil, de Mercure & de Venus, qui y recevroient ce que Mars, Jupiter & Saturne auroient commencé à perdre.

Que si à l'extinction du mobile d'un tourbillon, ses Planettes sont emportées avec lui sans aucune détermination certaine vers d'autres tourbillons, ce qui est plus vraisemblable, & ce que l'aparition des Cométes semble persuader, les eaux de ces Planettes croîtront ou diminueront, selon leur arrangement autour de l'Astre qui les arrêtera. C'est dans un pareil événement, que notre Terre pourroit être totalement recouverte d'eaux, aulieu de continuer à les perdre, selon qu'elle seroit placée dans un moindre ou un plus grand éloignement du mobile.

Le hazard ne préside nullement à ces arrangemens; plus une Planette est pesante, plus elle est en état par son poids de s'approcher du mobile du tourbillon. Au contraire plus elle est légere, plus elle a de volume dans sa légereté, comme les corps des soleils éteints: plus aussi les rayons de l'Astre qui occupent le centre du tourbillon, la repoussent au loin, ne l'admettant que vers l'extrêmité, & au lieu où leur activité a presque perdu toute sa force.

Incertitude du sort futur de la terre.

C'est ainsi que le sort futur de notre terre est incertain. Avant que notre soleil s'éteigne, elle peut être elle-même totalement embrasée, & former un tourbillon particulier & séparé, enlever au soleil quelqu'une de ses Planettes, en dérober même à quelques autres tourbillons voisins. Si au contraire le soleil vient à manquer, avant qu'elle soit totalement embrasée, elle peut continuer à perdre ses eaux, par l'arrangement qu'elle acquerera dans un autre tourbillon, si elle est assez voisine de l'Astre pour que cette diminution continue: ou si elle est placée dans un trop grand éloignement, elle verra augmenter ses eaux jufqu'à en être recouverte totalement ou en partie, félon la durée de fa fituation préfente. Mais quelle que foit fa deftinée & celle de fes habitans, il y a lieu de croire, que dans la multitude innombrable des globes que renferme ce vafte univers, les uns enflammés & les autres opaques, dont nous n'appercevons que la moindre partie, il y en aura toujours qui feront dans une augmentation d'eaux & de matiéres, tandis que la diminution continuera dans les autres. Il y en aura toujours qui s'emflammeront totalement, & qui ferviront de mobile à ceux qui ne feront point enflammés; d'autres s'éteindront, & pafferont dans les difpofitions propres à l'état où ils étoient avant leur embrafement.

Un Auteur Arabe rapporte entre les diverfes opinions des Philofophes de fa nations fur l'antiquité de ce monde, fa durée & fa fin, qu'il y en avoit un qui affûroit, que la terre avoit été formée cinquante mille ans avant que d'être habitée, qu'elle l'étoit depuis cinquante-mille, & qu'elle le feroit encore autant. Mais comment autrement que par les conféquences que je propofe, pouvoir conjecturer combien de tems elle est restée déserte, depuis combien d'années elle est peuplée, & pendant combien de tems elle peut encore avoir des habitans ? C'est en la nature, & dans les foibles notions qui nous restent de quelques événemens singuliers arrivés dans le Ciel & sur la terre, que nous devons chercher l'histoire d'un passé fort éloigné, & la connoissance d'un avenir qui doit avoir peut-être encore plus d'étendue. Nous ne pouvons espérer d'apprendre autrement l'état de deux extrêmités aussi distantes de nous que celles là. C'est l'étude à la quelle, à l'exemple de mon pere & de mon aieul, je ne suis appliqué depuis ma plus grande jeunesse. Mes sentimens sur les choses futures sont plus flatteurs pour les hommes, que tout ce qu'on leur en a dit jusqu'à présent, puisque sans détruire l'opinion dont ils sont prévenus, que le Monde périra par le feu, je leur laisse l'espérance d'une postérité, qui peut-être sera plus durable.

. J'ai fait plus ; car je leur ai appris même ce que deviendra le globe qu'ils habitent, lors qu'après plusieurs vicissitudes il aura enfin été consumé par le feu ;

& j'ai établi que semblable au Phénix, il renaîtra de ses propres cendres. En effet, quoique ceci ne paroisse pas d'abord aussi probable, que les autres changemens qui arriveront auparavant à la Terre, cette conséquence ne se déduit pas moins de la diminution de la mer & de la composition de nos montagnes. Car si véritablement elles ont été formées dans le sein de ses eaux, la terre a donc été totalement couverte des eaux de la mer : or cela ne peut être arrivé, que dans une position & un arrangement du globe différent de celui dans lequel il se trouve à présent, & dans un éloignement si grand du soleil, que ses eaux avoient augmenté, aulieu de s'être dissipées. Il est donc manifeste, que les globes changent d'état & de disposition: que dans un certain arrangement ils sont recouverts d'eaux, & que dans une autre position ces eaux diminuent ; ce qui entraîne la nécessité de toutes les vicissitudes que j'ai attribuées aux globes, jusqu'à celle dans laquelle ayant été consumés par le feu, & servi de mobile à d'autres, ils sont portés dans des lieux, où ils recouvrent leur pésanteur & leur humidité.

Ces passages d'un état à l'autre, du lumineux à l'obscur, & de celui-ci au lumineux, sont prouvés invinciblement, comme je l'ai dit, par les étoiles qui ont disparu, & celles qui se sont montrées de nouveau. Car encore une fois on ne peut pas dire, que la naissance des étoiles qu'on a découvertes récemment, soit l'effet d'une nouvelle création, ni que celles qui ont disparu ayent été anéanties. Vous ne doutez donc point, que les restes de ces derniers corps n'existent dans la nature; lorsque l'expérience vous aura convaincu de la diminution de la mer, il faudra que vous conveniez avec moi, que les eaux qui lui sont enlevées, subsistent ailleurs: qu'en changeant de lieu, elles transportent avec elles toute la matiére dont elles sont chargées: que ce tout dont les rayons du soleil sont revêtus, est porté au plus loin de l'Astre, & y est déposé & reçu par les corps qui y existent. C'est là peut-être que notre terre avoit acquis précédemment les eaux immenses, dont les plus hautes de nos montagnes furent couvertes; & c'est dans une position semblable, que dans les siécles à venir, après avoir passé par le feu, son cadavre sec & aride peut encore recouvrer la matiére & les eaux qu'il aura perdues Ce sont des vicissitudes nécessaires, & qu'on doit nécessairement admettre après les principes que j'ai établis. Elle se suivront sans interruption. les corps opaques deviendront lumineux, comme je l'ai dit, & de lumineux, ils redéviendront opaques. Leurs matiéres & leurs eaux seront augmentées, lorsqu'ils se trouveront au plus loin de l'Astre du tourbillon où ils seront placés : elles augmenteront au contraire dans une disposition qui les en rendra plus voisins. Ils deviendront d'abord habitables, ensuite habités, jusqu'à ce qu'ils cessent de l'être, & s'embrasent totalement. Les globes opaques ou lumineux que renferme ce vaste univers, essuieront ces alternatives cent & cent fois : ils passeront successivement d'un de ces états à l'autre, en changeant de position & de tourbillon. Pour être cachées à nos yeux, ces vicissitudes n'en sont pas moins certaines, ni peut-être moins fréquentes dans cette immensité de globes, à laquelle notre imagination même ne peut atteindre.

En vérité, Monsieur, m'écriai-je en cet endroit, vous avez eu raison de dire, que vous m'exposeriez des choses si singulieres, que j'en serois surpris. Je vous avoue même, que malgré le peu de fondement que je trouve dans votre systême, je suis charmé de vous entendre parler avec autant d'assûrance de ce que vous croyez se passer dans la vaste étendue de l'univers, que si depuis des siécles infinis volant d'un tourbillon à l'autre, vous eussiez été témoin oculaire de ce que vous en rapportez. Achevez, Monsieur, de me dévoiler vos mysteres. Instruisez-moi de ce que vous pensez sur l'état des Etoiles fixes, qui gardent toujours le même ordre, & qui, ce me semble, devroient nager au hazard dans l'étendue de ce grand tout, ou ce liquide de l'air, comme vous l'appellez. J'espere que vous voudrez bien m'imformer aussi de votre opinion sur l'origine de l'homme & des animaux, qui dans votre systême sont sans doute une production du hazard ; ce que ma religion & ma raison ne me permettent pas de croire. Je suis persuadé d'avance, que ce que vous m'apprendrez sur ces deux articles ne fera à ni moins curieux, ni moins singulier, que tout ce que j'ai entendu de vous jusqu'ici.

Je vous avoue, repartit notre Philosophe, que je suis aussi persuadé de la vérité des vicissitudes, dont je viens de vous entretenir, que si parcourant depuis long-tems l'état du Ciel, & les globes qu'il renferme, j'eusse vû de mes propres yeux ces révolutions diverses. Mais je dois ajouter pour ma justification, que si j'ai embrassé une opinion si extraordinaire, ce n'est qu'après plus de trente ans de méditations & de recherches, de doutes, & d'objections que je me suis faites, ou qui m'ont été proposées par d'autres ; après l'étude la plus exacte des sentimens des Philosophes & des sectes différentes sur cette matiére ; en un mot parce que je n'ai rien trouvé de plus conforme aux événemens du Ciel & de la Terre parvenus jusqu'à nous, aux preuves invincibles que nous avons de la diminution de la mer, à la conformation de notre globe, aux histoires & aux traditions qui nous restent, enfin à la raison : ensorte que mon assurance dans ce que je viens

P

de vous rapporter méritera peut-être de vous par cet endroit l'indulgence de n'être point traitée de témérité.

De l'état des Etoiles fixes.

Quant aux questions que vous me proposez, il est aisé, à ce que je pense, de comprendre comment les étoiles sont arrêtées dans une étendue, telle que celle que le Ciel offre à nos yeux & à notre imagination. C'est ce que j'appelle le fluide de l'air, & ce qu'on pourroit nommer encore plus proprement le vuide par lequel il flue, ou la Scéne tranquille du passage & du mouvement de tout ce qui existe.

J'ai eu l'honneur de vous dire, que les globes enflammés ne l'ont point été de tout tems, mais que de l'état opaque ils ont passé à l'état lumineux. Je dois ajouter, qu'en cet état ils ont acquis un mouvement propre qui les a fait tourner sur eux-mêmes, & qui les a arrêtés & fixés à l'endroit de ce vuide ou de ces espaces qu'ils occupent. C'est ainsi à peu près, qu'une boule ou roue de feu artificiel placée sur une grande nappe d'eau tranquille, & allumée dans cet endroit, ne changeroit point de place tant que son feu dureroit, & la feroit tourner fur elle-même. C'est en cette forte, que les étoiles arrêtées à l'endroit du vuide où elles font embrasées, y tournent, & y tourneront toujours jufqu'à l'extinction du feu qui les pénétre, fans s'éloigner de leur pofition.

Mais dans l'arrangement de tous ces corps embrafés, qui font aujourd'hui à nos yeux un état certain de ce tout, il arrivera un changement univerfel au bout d'un certain tems. Toutes ces étoiles jufqu'à la derniére s'éteindront peut-être les unes aprs les autres, comme il s'en est déja éteint plufieurs, ainfi que nous en avons été témoins. Il en naîtra fuccefsivement de nouvelles par le fecours des globes opaques qui s'embraferont; & celles-ci ne fe montreront pas toujours dans le même endroit, d'où les autres auront difparu. Ainfi l'état du Ciel qui nous femble certain, changera totalement; & dans un tems que nous ne pouvons définir, il ne fera plus le même qu'il eft aujourd'hui. Il fe renouvellera de forte, qu'on n'y découvrira pas peut-être une feule des étoiles, que nous y appercevons.

Que fi en paffant dans notre voifinage, les Comètes nous paroissent tenir de même une route certaine, & conforme au cours de nos Planettes, c'est qu'approchant assez de notre tourbillon, elles participent au mouvement, que le Soleil communique aux globes dont il est environné. Elles sont aussi aidées sans doute de l'influence des rayons de quelques autres soleils voisins, qui par la matiére subtile qui en émane, forment dans les espaces dont ils sont séparés du nôtre, des espéces de courans, par lesquels ces Comètes font leur route entre les tourbillons en un sens plutôt qu'en un autre. Après tout, il peut y avoir d'autres raisons naturelles, de l'arrangement des globes enflammés, dont on ne peut fixer le nombre. Ce n'est point une honte à notre entendement foible & borné, de ne pouvoir atteindre à la juste connoissance de choses aussi prodigieusement éloignées de nos yeux que celles-là, & dont, pour juger sainement, il faudroit peut-être des observations astronomiques d'une infinité d'années.

Réfutation du sentiment d'Huigens, sur la Pluralité des Mondes.

Huigens, continua notre Indien, à composé parmi vous un Traité sur la Pluralité des des Mondes, dans lequel il prétend prouver, non seulement qu'il y a des hommes & des animaux dans nos Planettes & dans leurs Satellites, mais même que ces hommes ont les mêmes lumiéres que nous dans l'Astronomie, la Géométrie, dans tous les Arts qui nous sont connus, & dans toutes les sciences que nous avons acquises. L'Auteur est entré à ce sujet dans un détail, où il a beaucoup plus réussi à faire parade de ses connoissances, qu'à convaincre le Lecteur, que dans les autres globes habitables, il se rencontre des hommes de notre espéce, & que dans ces hommes, on retrouve également toutes les sciences auxquelles nous sommes parvenus. Ce n'est pas qu'il ne puisse y en avoir, où tout cela se trouve, même à un plus haut dégré de perfection peut-être que dans le nôtre ; mais en supposant même tous ces globes habités, il est très vraisemblable qu'il y en à plusieurs, où la plûpart des connoissances acquises par les hommes de notre globe sont absolument ignorées.

En effet d'où avons nous appris, que la Lune étoit un globe tel que le nôtre ; qu'il s'y trouvoit de même des terres &

des mers, des montagnes & des vallées; qu'il avoit comme nous un jour & une nuit réglés, de quatorze à quinze des nôtres ; que par conséquent ce globe peut être habité, peuplé de poissons dans ses mers, d'animaux sur ses terres, peut-être même d'une espéce de créatures raisonnables, ou approchante de la nôtre, ou diverse? D'où encore une fois avons nous tiré toutes ces conséquences? N'est-ce pas des découvertes, que nous avons faites dans cette Planette?

Si donc comme la Terre a un satellite dans la Lune, comme Jupiter en a quatre, comme Saturne en a cinq, & peut-être un bien plus grand nombre dans l'anneau dont il est environné, tous les globes opaques avoient de même des satellites, ou si ces globes étoient du moins assez voisins, pour qu'on pût distinguer de l'un à l'autre ce qui s'y passe, l'opinion d'Huigens seroit beaucoup plus soutenable. Mais les habitans de Mercure, s'il y en a qui puissent vivre dans une si grande proximité du brûlant soleil autour duquel il tourne, sont-ils assez voisins de nous ou de Venus, pour connoître la conformation de nos globes, juger si elle est pareille à celle de la petite boule qu'ils habitent? Les habitans même de Venus & ceux de Mars, à qui notre Terre & son satellite ne doivent pas paroître plus gros, que ne nous paroissent à nous-mêmes les deux Planettes qu'ils occupent, sont-ils à portés de faire cette comparaison de notre globe au leur? C'est cependant de la connoissance que nous avons acquise de la conformation du globe de la Lune, qu'est dérivée cette conséquence naturelle, que toutes les Planettes, tous les satellites que nous remarquons dans le tourbillon du soleil où nous sommes placés, sont vraisemblablement composées de la même manière, parconséquent habitables, & peut-être habités. Delà il faut conclure, que si les habitans supposés des autres Planettes ne peuvent avoir le même secours, il est très probable qu'ils ne peuvent nous égaler dans cette partie de nos connoissances.

Il est vrai que si par cette endroit nous avons quelques avantages sur les habitans prétendus de divers globes, qui n'ont point de satellites comme le notre,

Pensées diverses sur le même sujet.

on peut d'ailleurs supposer dans quelques-uns, des hommes qui, s'ils existoient véritablement, devroient nous surpasser infiniment en connoissances. Je veux à cette occasion, ajouta Telliamed, vous rapporter le discours d'un Anglois, que je rencontrai un soir à Londres, en me promenant dans le parc de St. James. Vous ne le trouverez pas moins prévenu que Huigens, de la Pluralité des Mondes.

Nous nous entretenions de la nature & de l'espéce des Créatures, par qui il prétendoit qu'étoient habités, non seulement nos Planettes & leurs satellites, mais encore cette multitude innombrable de petits globes opaques, qui roulent dans les tourbillons de tous ces soleils, dont est composée la Voie lactée; lorsque notre Milord me montrant du doigt la Planette de Jupiter & celle de Saturne, voyez-vous ces deux étoiles, me dit-il, sur-tout cette derniére, en me parlant de Saturne? Elle a neuf à dix mille lieues de diamétre. Croiriez-vous qu'elle achéve son tour sur elle-même dans l'espace de dix de nos heures? Ce mouvement est prodigieux sans doute,
&

& devroit faire tourner la tête à ses habitans, puisque dans l'espace d'une heure a surface parcourt plus de trois mille lieues. Mais ce qui n'est pas moins remarquable, est que les habitans de cette Planette sont si voisins de la premiére Lune qui tourne autour d'elle, que celle-ci décrit son cercle en un jour & 21 de nos heures. Parconséquent elle rase Saturne de si près, que les habitans de l'une & de l'autre placés sur le sommet de leurs plus hautes montagnes pourroient presque se donner la main, du moins se voir & se parler. A plus forte raison les habitans de cette premiére Lune pourroient avoir commerce avec ceux de la seconde, qui acheve son cours autour de la Planette principale en deux jours & 17 heures. Il y a plus, continua-t-il; car les habitans de la premiére Lune pourroient également sauter dans Saturne qui est au-dessous d'eux, & ceux de la seconde sauter dans la premiére. Au moins ces trois peuples sont ils si voisins, que s'ils ont comme nous l'usage des lunettes d'approche & des porte-voix, il leur est facile de se voir, & de lier un entretien ensemble. Enfin vous ne contesterez pas, ajouta-t-il, qu'ils ne puissent au moins appercevoir réciproquement les grandes Villes bâties dans ces trois globes, les vaisseaux qui voguent sur leurs mers; & qu'ils n'entendent de l'un à l'autre le bruit du canon, sur-tout celui des tonnerres qui se forment aux extrêmités de l'air qui les sépare.

Un autre Anglois renchérissoit encore sur celui-ci. Il appelloit la Voie lactée la pépiniére des Soleils & des globes opaques. Ils s'y trouvoient, disoit-il, si voisins, & si mêlés les uns aux autres, qu'ils devoient presque se toucher dans les cercles qu'ils décrivoient autour des Soleils dont ils étoient régis; ensorte que leurs habitans respectifs devoient se connoître, & se rendre de fréquentes visites. Il trouvoit même fort mauvais que je n'en crusse rien, & que je n'applaudisse que d'un souris à une proposition si étrange.

Ce que me disoit un troisiéme sur la proximité de Saturne à sa premiére lune, & de celle-ci à la seconde; de celle de Jupiter à son premier Satellite, &c. me paroissoit plus sensé & plus probable. Si nous avons tiré, disoit-il, tant de connoissances de la proximité de la Lune à notre Terre, sur-tout depuis l'invention des lunettes d'approche, quel avantage n'ont pas sur nous les habitans de ces divers globes si voisins les uns des autres, & à portée d'un si grand nombre de corps lumineux? Combien ne leur est-il pas facile d'être beaucoup mieux instruits que nous, de tout ce qui se passe dans les globes opaques, & de tout ce qui arrive aux étoiles, soit lors qu'il s'en forme quelque nouvelle par l'inflammation d'un de ces corps, soit à l'extinction des feux de quelques autres, qu'ils voyent de leurs yeux dévorer peu à peu la matiére qui les nourrit, & s'affoiblir insensiblement à mesure qu'elle se consume?

Ces connoissances, dit notre Philosophe, ne peuvent être contestées aux habitans de ces globes si voisins des autres, si pourtant ils sont habités. Pour nous, continua-t-il, nous ne pouvons espérer d'y arriver qu'à l'extinction de notre soleil, & dans le cas d'une transmigration de notre globe dans un autre tourbillon. Alors, si ce que j'ai eu l'honneur de vous expoſer dans ces Entretiens paſſoit à la poſtérité, rien de ce que je vous ai dit devoir arriver ne ſeroit capable d'étonner nos neveux, parce qu'ils ſeroient avertis des futurs changemens, que les ſiécles ameneront dans l'état des Cieux, c'eſt-à-dire, dans celui des étoiles & des globes opaques deſtinés à un paſſage perpétuel de l'obſcurité à la lumiére, & de la lumiére à l'obſcurité.

Mais quoiqu'il n'y ait rien de durable à ſe promettre au milieu de ces viciſſitudes continuelles, nous devons cependant eſpérer, que, quoiqu'il arrive ſur la terre, juſqu'à ce que le genre humain y ſoit totalement aboli; ces connoiſſances ne périront point abſolument. Si dans ce ſiécle il s'eſt trouvé des ſçavans, qui ont connu que l'Univers pouvoit renfermer pluſieurs Mondes, que certaines étoiles diſparoiſſoient, qu'il s'en montroit de nouvelles, que ces étoiles perdues étoient autant de Soleils qui s'éteignoient, que les nouvelles procédoient de l'inflammation des corps opaques; tant que le globe de la terre ne ſera pas privé d'hommes, il y aura toujours quelqu'un qui parviendra à ces connoissances, & qui apprendra à ses concitoyens ce que je vous annonce aujourd'hui.

Les hommes qui vivront dans ces siécles reculés, pourront sur les découvertes du nôtre, & sur les événemens futurs, juger plus sûrement que nous de la diminution de la mer. Ainsi sur l'estimation de cette diminution, mesurant les mers les plus profondes, ils pourront juger du tems où elles devront être totalement épuisées indépendamment de l'affoiblissement du feu du Soleil qui peut s'éteindre, & de la multiplication de nos Volcans, qui sont déja en si grand nombre en Amérique.

Car sur ce que je vous ai dit, Monsieur, vous devez conclure, que la Terre peut perdre également ses habitans, ou par l'épuisement total des eaux de la mer, qui sont la source des pluies & des riviéres nécessaires à la fertilité ; ou par l'embrasement général de ses Volcans, & par conséquent de tout le globe ; ou par un affoiblissement si considérable du feu du Soleil, qu'à son extinction la mer l'ait déja universellement recouverte. Or si la perte du genre humain doit arriver par un épuisement total des eaux de la mer, les hommes destinés à en être les témoins se retireront dans les profondes vallées, & y creuseront des puits, pour entretenir la fécondité, & pourvoir à leur subsistance: ou bien ils passeront du côté des Poles, où ils trouveront long-tems une fraîcheur qui sera bannie des pays méridionaux, & une fécondité qui ne subsistera plus dans tous les autres endroits de la terre.

Que si à mesure que la force du Soleil s'affoiblira, ou à l'approche de son extinction, les habitans du globe ont lieu de craindre une submersion totale, ils ne s'allarmeront point. Ils fabriqueront de grands bâteaux, dans lesquels retirés avec quelques troupeaux & les provisions nécessaires, ils attendront qu'ils soient délivrés de cette triste situation par l'extinction totale du Soleil, & par le passage de la Terre dans un autre tourbillon, où ses eaux pourront diminuer. Enfin, si heureusement pour eux, le soleil s'éteint avant que notre globe s'embrase & soit entiérement privé de ses eaux, nos observations serviront à les raſſûrer contre l'extinction totale du genre humain ; même à leur faire eſpérer, que dans un nouvel arrangement de la Terre en un autre tourbillon, elle pourra rencontrer une ſituation favorable, qui lui reſtituant une partie de ſes eaux ſans la ſubmerger, prolongeroit cette génération à des ſiécles fort reculés.

Telliamed prononça de ſuite & d'une haleine cette eſpéce de prophétie avec un enthouſiaſme & une ardeur, qui penſa me le faire prendre pour un homme inſpiré. Mais, ajouta t-il, je vous quitte ; la nuit qui approche m'oblige de mettre fin à cet Entretien, demain je tâcherai de ſatisfaire à la queſtion que vous m'avez propoſée touchant l'origine des hommes.

SIXIE'ME JOURNE'E.

De l'Origine de l'homme & des animaux, & de la propagation des espéces par les semences.

Notre Philosophe se rendit chez moi de fort bonne heure, & m'apprit qu'il partoit le soir même pour Ormus. Je viens donc prendre congé de vous, continua t-il ; & quoique le tems me permit encore de communiquer, comme je vous le promis hier, ce que je pense sur l'origine des hommes & des animaux, je crois que, sur ce point vous me dispenserez volontiers de tenir ma parole. Il seroit d'ailleurs inutile de m'étendre avec vous sur un sujet, qui est indifférent au système de la diminution de la mer, & sur lequel il vous est défendu de croire autre chose, que ce que vos livres enseignent.

Vous me faites tort, répondis-je à l'Indien, & vous vous faites tort à vous-même, de vouloir me priver de ce qu'il y a sans doute de plus curieux dans votre

tre système. Je conçois que pour la vérité de votre opinion sur la diminution de la mer & l'origine de notre globe, il est assez indifférent qu'elle ait été celle de l'homme. Mais je suis persuadé aussi, que votre sentiment sur cet article n'est pas moins singulier, que tout ce que j'ai entendu de vous jusqu'ici ; & vous m'avouerez que j'aurois lieu de me plaindre de vous, si vous me laissiez ignorer ce que je ne puis apprendre de tout autre. Profitons donc du peu de tems qui nous reste ; vous pouvez parler en liberté, sans craindre que je me scandalise. Je sçai déja à peu près ce que certaines gens avancent contre la création de l'homme par celui qui a tout créé. Les raisons sur lesquelles ils fondent cette opinion sont si frivoles & si absurdes, qu'elles ne peuvent servir qu'à affermir de plus en plus un homme sage dans la croyance inébranlable, qu'il est l'ouvrage de Dieu, & que l'homme & les animaux ne peuvent avoir une autre origine.

Vous ne me rendez pas justice, Monsieur, repartit notre Philosophe. Ce n'est point du tout, comme vous le pensez, une suite naturelle de mon opinion sur la formation de notre terre, & sur sa sortie des eaux de la mer, que les animeaux & les hommes ayent été formés par une cause aveugle & au hazard. Je sçai qu'il se trouve assez de Philosophes chez nous, comme parmi vous, qui croyent toutes les productions, même celle de l'homme, l'effet du concours des Atomes, ou celui d'une génération propre & naturelle à la matiére. Les Egyptiens n'ont-ils pas prétendu, que le premier homme s'etoit formé en cette sorte dans leurs pays du limon même de leur Nil échauffé par les ardeurs du soleil ? Combien d'autres peuples ont soutenu, que la terre les avoit produits dans le pays qu'ils habitoient ? Quelques-uns se sont aussi persuadés, que les hommes & les animaux étoient descendus du Ciel par une chaîne d'or. C'est à peu près votre sentiment, puisque vous les croyez formés sur la terre par les mains mêmes de la Divinité. D'autres enfin ont soutenu, qu'ils étoient sortis de la mer.

Lucréce a condamné, comme vous sçavez l'une & l'autre de ces opinions (*a*); & je conviens avec lui, que les hommes ne sont point descendus du Ciel. Mais en supposant même la matiére créée, en supposant de même la création de l'homme & des animaux par la main de Dieu, en ce sens qu'il est l'Auteur de leur production & de leur espéce, je ne vois pas que le sel propre aux eaux de la mer soit une raison d'empêcher, que les animaux dont la terre est peuplée, tirent leur origine de ceux que celle-là renferme encore aujourd'hui dans son sein.

En effet les herbes, les plantes, les racines, les bleds, les arbres, & tout ce que la terre produit & nourrit de cette espéce, n'est-il pas sorti de la mer, N'est-il pas du moins naturel de le penser, sur la certitude que toutes nos terres habitables sont originairement sorties de ses eaux? Ajoutez que dans de petites Isles fort éloignées du Continent, d'une naissance très récente, & de quelques siécles au plus, ou il est ma-

Plantes terrestres qui croissent dans la mer.

―――――――――――

(*a*) C'est dans son livre cinquiéme où attribuant à la terre l'origine de tous les animaux, il dit:
Namneque de cœlo cecidis se animalia possunt,
Nec terrestria de salsis exisse lacunis

r ij

nifeste qu'aucun homme n'a jamais paſſé, on trouve des arbriſſeaux, des herbes, des racines, même quelquefois des animeaux, & vous ſerez forcé d'avouer, ou que ces productions doivent leur origine à la mer, ou qu'on ne peut les attribuer qu'à une création nouvelle, ce qui eſt abſurde.

Indépendemment de ces preuves de mon ſentiment, l'expérience nous en fournit encore des témoignages invincibles. Je ſçai que vous avez réſidé long-tems à Marſeille. Or vous me ſerez témoin, que tous les jours les pêcheurs de cette côte trouvent dans leurs filets, & parmi les poiſſons qu'ils prennent, des plantes de cent ſortes ayant encore leurs fruits; fruits à la vérité qui ne ſont pas auſſi gros, ni auſſi bien nourris, que ceux que la terre produit, mais dont l'eſpéce n'eſt point d'ailleurs équivoque. Ils y rencontrent des ſeps de raiſins blancs & noirs, des pruniers, des pêchers, des poiriers, des pommiers & toutes ſortes de fleurs. Je vis à mon paſſage en cette Ville, dans le cabinet d'un curieux, un grand nombre de ces productions marines de diverses qualités, surtout des rosiers ayant leurs roses très-vermeilles au sortir de la mer. On m'y présenta un jour un sep de raisins noirs marins. C'étoit au tems des vendanges ; s'y il trouva deux grains parfaitement mûrs.

De l'origine des animaux.

Pour venir à présent à ce qui regarde l'origine des animaux terrestres, plus je remarque qu'il n'y en a aucun marchant volant, ou rampant, dont la mer ne renferme des espéces semblables, ou approchantes, & dont le passage d'un de ces élémens à l'autre ne soit possible, probable, même soutenu d'un grand nombre d'exemples. Je ne parle pas seulement des animeaux amphibies, des serpens, des crocodiles, des loutres, des divers genres de Phocas, & d'un grand nombre d'autres qui vivent également dans la mer ou dans l'air, ou en partie dans les eaux & sur la terre. Je parle encore de ceux, qui ne peuvent vivre que dans l'air. Vous avez lû sans doute les Auteurs de votre pays, qui ont écrit des diverses espéces de poissons de mer & d'eau douce connus jusqu'à ce jour, & qui nous en ont donné des représentations dans leurs livres. La découverte de l'Amérique & de ses mers nous en à fourni un grand nombre de nouvelles qui leur sont propres, comme il s'en rencontre dans les mers d'Europe, d'Afrique & d'Asie, qui ne se trouvent point ailleurs. On peut même dire, qu'entre les poissons d'une même espéce qui se pêchent également par-tout, il y a toujours quelque différence, selon la différence des mers; soit qu'on ait placé sous un même genre des espéces approchantes les unes des autres; soit que véritablement ces poissons soient de la même espéce, avec quelque différence seulement dans leur forme. C'est ainsi que les espéces de poissons de mer, qui sont entrés dans les riviéres & les ont peuplées, ont reçu dans leur figure, comme dans leur goût, quelque changement. Ainsi la carpe, la perche & le brochet de mer différent de ceux de leur espéce, que l'on prend dans les eaux douces.

De leur ressemblance avec certains poissons. Or la ressemblance de figure, même d'inclination, qui se remarque entre certains poissons & quelques animaux terrestres, est non seulement digne d'attention; il est même surprenant que personne, que je sçache, n'ait travaillé jusqu'ici à approfondir les raisons de cette conformité. Sans entreprendre de traiter à fond une si vaste matiére, permettez-moi, Monsieur, de faire quelques observations à ce sujet. Nous sçavons par le rapport des plus fameux plongeurs de l'Antiquité, dont les histoires nous ont conservé la mémoire; par le témoignage de ceux que mon aïeul employa pendant dix-huit mois à examiner l'état des fonds de la mer, & ce qui se passe dans son sein; nous sçavons par nos propres connoissances, que les animeaux qu'elle produit sont de deux genres. L'un volatil s'éléve du fond jusqu'à la superficie de ses eaux, dans lesquelles il nage, se proméne & fait ses chasses: l'autre rampe dans son fond, ne s'en sépare point, ou que très rarement, & n'a point de disposition à nager. Qui peut douter, que du genre volatil des poissons ne soient venus nos oiseaux, qui s'élévent dans les airs; & que de ceux qui rampent dans le fond de la mer, ne proviennent nos animeaux terrestres, qui n'ont ni disposition à voler, ni l'art de s'éléver au dessus de la terre?

Pour se convaincre que les uns & les

autres ont passé de l'état marin au terrestre, il suffit d'examiner leur figure, leurs dispositions & leurs inclinations réciproques, & de les confronter ensemble. Pour commencer par le genre volatil, faites, s'il vous plaît, attention, non seulement à la forme de toutes les espéces des nos oiseaux, mais encore à la diversité de leur plumage, & à leurs inclinations : vous n'en trouverez aucune, que vous ne rencontriez dans la mer des poissons de la même conformation ; dont la peau ou les écailles sont unies, peintes ou variées de la même sorte, les ailerons ou nageoires placés de même ; qui nagent dans les eaux, comme les oiseaux de leur figure volent & nagent dans les airs ; & qui y font leur route droite ou en rond, & leur chasse, lorsque ce sont des oiseaux de proie, comme le fond dans la mer les poissons de la même forme.

Facilité du passage de l'eau dans l'air. Observez encore, que le passage du séjour des eaux à celui de l'air est beaucoup plus naturel, qu'on ne se le persuade communément. L'air dont la terre est environnée, au moins jusqu'à une certaine hauteur, est mêlé de beaucoup de de parties d'eau. L'eau est un air chargé de parties beaucoup plus grossiéres, plus humides & plus pésantes, que ce fluide supérieur auquel nous avons attaché le nom d'air, quoique l'un & l'autre ne fasse réellement qu'une même chose. Ainsi dans un tonneau rempli d'une liqueur, quoique l'inférieure soit chargée de parties plus grossiéres, & que par conséquent elle soit moins claire & plus épaisse que la partie supérieure, il est cependant évident qu'une partie de la liqueur subsiste toujours dans la lie précipitée, & qu'une partie de cette lie reste mêlée de même avec la liqueur qui surnage, mais en plus grande quantité immédiatement au dessus de la lie, que dans la partie la plus élevée. C'est ainsi qu'immédiatement au dessus des eaux, l'air dont elles sont environnées est plus chargé de parties aqueuses, que dans une plus grande élévation. Ainsi dans une tempête dont les eaux de la mer, des lacs & des riviéres sont agitées, il l'est encore davantage, qu'après des pluies, qui leur ont rendu les parties aqueuses, que les vents avoient soulevées & mêlées à l'air. C'est ainsi enfin que dans certains

climats & en certains tems, l'air dont la terre & la mer sont environnées, est si chargé de ces parties aqueuses, qu'il doit être considéré comme un mélange presque égal de l'un & de l'autre. Il est donc facile de concevoir, que des animeaux accoutumés au séjour des eaux ayent pû conserver la vie, en respirant un air de cette qualité. ,, L'air inférieur, dit un
,, de vos Auteurs (a), n'est qu'une eau
,, étendue. Il est humide à cause qu'il
,, vient de l'eau; & il est chaud, par-
,, ce qu'il n'est pas si froid qu'il pour-
,, roit être, en retournant en eau. ,, Il
,, ajoute plus bas : Il y a dans la mer des
,, poissons de presque toutes les figures
,, des animeaux terrestres, même des oi-
,, seaux. Elle renferme des plantes &
,, des fleurs, & quelques fruits: l'ortie,
,, la rose, l'œillet, le melon, le raisin
,, y trouvent leurs semblables. ,,

Ajoutez, Monsieur, à ces réfléxions les dispositions favorables, qui peuvent se rencontrer en certaines régions pour le passage des animaux aquatiques du séjour des eaux à celui de l'air; la nécessité mê-

: (a) Sorel, fol. 249.

me de ce passage en quelques circonstances : par exemple, à cause que la mer les aura abandonnés dans des lacs, dont les eaux auront enfin diminué à tel point, qu'ils auront été forcés de s'accoutumer à virve sur la terre; ou même par quelques uns de ces accidens, qu'on ne peut regarder comme fort extraordinaires. Car il peut arriver, comme nous sçavons qu'en effet il arrive assez souvent, que les poissons ailés & volans chassant ou étant chassés dans la mer, emportés du désir de la proie ou de la crainte de la mort, ou bien poussés peut-être à quelques pas du rivage par les vagues qu'excitoit une tempête, soient tombés dans des roseaux ou dans des herbages, d'où ensuite il ne leur fut pas possible de reprendre vers la mer l'effort qui les en avoit tirés, & qu'en cet état ils ayent contracté une plus grande faculté de voler. Alors leurs nageoires n'étant plus baignées des eaux de la mer, se fendirent & se déjetterent par la sécheresse. Tandis qu'ils trouverent dans les roseaux & les herbages dans lesquels ils étoient tombés, quelques alimens pour se soutenir; les tuyaux de leurs nageoires séparés les uns des autres se prolongerent, & se revêtirent de barbes ; ou pour parler plus juste, les membranes qui auparavant les avoient tenus collés les uns aux autres, se métamorphoserent. La barbe formée de ces pellicules déjettées s'allongea elle-même ; la peau de ces animeaux se revêtit insensiblement d'un duvet de la même couleur dont elle étoit peinte, & ce duvet grandit. Les petits ailerons qu'ils avoient sous le ventre, & qui, comme leurs nageoires, leur avoient aidé à se promener dans la mer, devinrent des pieds, & leur servirent à marcher sur la terre. Il se fit encore d'autres petits changemens dans leur figure. Le bec & le col des uns s'alongerent ; ceux des autres se racourcirent ; il en fut de même du reste du corps. Cependant la conformité de la premiére figure subsiste dans le total ; & elle est, & sera toujours aisé de reconnoître.

D:s oiseaux Examinez en effet toutes les espéces de poules, grosses & petites, même celles des Indes, celles qui sont hupées ou qui ne le sont pas, celles dont les plumes sont à rebours, telles qu'on en voit à Damiette, c'est-àdire, dont le plumage est de la queue à la tête : vous trouverez dans la mer des espéces toutes semblables, écailleuses, ou sans écailles. Toutes les espéces de perroquets, dont les plumages sont si divers, les oiseaux les plus rares & les plus singuliérement marquetés, sont conformes à des poissons peints, comme eux, de noir, de brun, de gris, de jaune, de verd, de rouge, de violet, de couleur doré & d'asur ; & cela précisément dans les mêmes parties, ou les plumages de ces mêmes oiseaux sont diversifiés d'une maniére si bizarre. Tous les genres d'aigles, de faucons, de milans, d'oiseaux de proie, enfin tout ce qui nous est connu volant dans les airs, jusqu'aux différentes espéces de mouches, petites & grandes, aux longues aîles comme aux courtes, se trouve conforme à des espéces semblables que la mer renferme, & dont nonseulement la forme & la couleur sont les mêmes, mais encore les inclinations.

La transformation d'un ver à soie ou d'une chenille en un papillon, seroit mille fois plus difficile à croire, que celle des poissons en oiseaux, si cette métamorphose ne se faisoit chaque jour à nos yeux. N'y a t-il pas des fourmis, qui deviennent aîlées au bout d'un certain tems ? Qu'y auroit-il de plus incroyable pour nous que ces prodiges naturels, si l'expérience ne nous les rendoit familiers ? Combien le changement d'un poisson aîlé, volant dans l'eau, quelquefois même dans les airs, en un oiseau volant toujours dans l'air, & conservant la figure, la couleur & l'inclination du poisson, est-elle plus aisée à imaginer de la façon dont je viens de vous l'exposer ? La semence de ces mêmes poissons portée dans des marais peut aussi avoir donné lieu à cette premiére transmigration de l'espéce, du séjour de la mer en celui de la terre. Que cent millions ayent péri, sans avoir pû en contracter l'habitude, il suffit que deux y soient parvenus, pour avoir donné lieu à l'espéce.

Des animaux terrestres.

A l'égard des animaux rampans ou marchans sur la terre, leur passage du séjour de l'eau à celui de la terre est encore plus aisé à concevoir. Il n'est pas difficile à croire, par exemple, que les serpens & les reptiles puissent également vivre dans l'un & l'autre élément ; l'expérience ne nous permet pas d'en douter.

Quant aux animaux à quatre pied, nous ne trouvons pas seulement dans la mer des espéces de leur figure & de leur mêmes inclinations, vivant dans le sein des flots des mêmes alimens, dont ils se nourrissent sur la terre : nous avons encore cent exemples de ces espéces vivant également dans l'air & dans les eaux. Les Singes marins n'ont-ils pas toute la figure des singes de terre ? Il y en a de même de plusieurs espéces. Celles des mers méridionales sont différentes de celles des Septentrionales ; & parmi celles ci, nos Auteurs distinguent encore celle qu'ils nomment Danoise, (Simia Danica.) Ne trouve t-on pas dans la mer un poisson, qui a deux dents semblables à celles de l'Éléphant, & sur la tête une trompe avec laquelle il attire l'eau, & avec l'eau la proie qui lui sert de nourriture ? On en montroit un à Londres il n'y a que très peu de tems. Seroit-il absurde de croire, que cet éléphant marin à pû donner lieu à l'espéce des éléphans terrestres ?

Le lion, le cheval, le bœuf, le cochon, le loup, le chameau, le chat, le chien, la chévre, le mouton, ont de même leur semblable dans la mer. Dans le siécle précédent on montroit à Coppenhague des ours marins, qu'on avoit envoyés au Roi de Dannemarck. Après les avoir enchaînés, on les laissoit aller à la mer, & on les y voyoit jouer entre eux pendant plusieurs heures. Examinez la figure des poissons qui nous sont connus : vous trouverez dans eux à peu près toute la forme de la plûpart des animeaux terrestres.

Des Phocas ou veaux marins.

Il y a vingt genres de Phocas, ou veaux marins, gros & petits. Vos histoires & les journeaux de vos Sçavans parlent assez des occasions où l'on en a pris & même apprivoisé. La Ville de Phocée tiroit son nom, dit-on, du grand nombre de ces animaux, qu'on a toujours vû dans la mer voisine de cet endroit. Ne vit-on pas à Smirne il n'y a pas plus de vingt à vingt à vingt-cinq ans, un de ces Phocas venir se reposer tous les jours pendant cinq à six semaines de suite sous le Divan du Douanier? Il s'élançoit de la mer sur quelques planches

ches éloignées du rivage de deux à trois pieds, & placées sous ce Divan, & y passoit plusieurs heures, poussant des soupirs comme une personne qui souffre. Cet animal ayant ensuite cessé de paroître, revint au bout de trois jours portant un petit sous un de ses bras. Il continua de se montrer encore depuis pendant plus d'un mois, mengeant & suçant du pain & du ris qu'on lui jettoit.

A peu près dans le même tems un autre Phocas se montra au milieu du port de Constantinople. Il s'élança de la mer sur une barque chargée de vin, & saisit un matelot qui étoit alors assis sur un tonneau. Ce vin appartenoit à M. de Fériol, votre Ambassadeur à la Porte. Ce Phocas mit le matelot sous un de ses bras, & replongeant avec lui dans la mer, il se remontra à trente pas de là tenant encore l'homme sous son aisselle, comme s'il eût voulu se glorifier de sa conquête ; après cela il disparut. Cet animal, diroit quelqu'un de vos Poëtes, étoit sans doute une Nymphe, une Néréide, qui étant devenue amoureuse de ce matelot, l'enleva pour le conduire dans un de ses Palais aquatiques. Il y a beaucoup d'apparence, que des faits de cette nature arrivés dans les siécles précédens ont donné lieu aux histoires de vos métamorphoses.

L'Histoire Romaine fait aussi mention de Phocas apprivoisés, & montrés au peuple dans les Spectacles, saluant de leur tête & de leur cri, & faisant au commandement de leur maître tout ce qu'on apprend chez vous à divers animeaux, qu'on dresse & qu'on instruit à certain mangée. N'en a t-on pas vû s'affectionner à ceux qui en prenoient soin, comme les chiens s'attachent à ceux qui les élévent.

Il y a cent ans, qu'un petit Roi des Indes avoit apprivoisé un de ces Phocas, ou bœufs marins. Il l'avoit appellé (Guinabo), du nom d'un lac où il se retiroit, après avoir pris sa réfection dans la maison de ce Roitelet, où, lorsqu'on l'appelloit, il se rendoit tous les jours de ce lac, accompagné d'une troupe d'enfans qui le suivoient. Ce manége dura dix-neuf à vingt ans, & jusqu'à ce qu'un jour un Soldat Espagnol lui ayant lancé un dard, il ne sortit plus de l'eau dans la suite, tant qu'il vit sur le rivage des hommes armés & barbus. Il étoit si familier avec les enfans, & en même tems si gros & si fort, qu'un jour il en porta, dit-on, quatorze sur son dos d'un des bords du lac à l'autre.

Celui qui fut pris à Nice il y a environ soixante ans, étoit assez différent de celui là. Il n'étoit guéres plus gros qu'un veau, ayant les pieds fort courts, & la tête très grosse. Il vécut plusieurs jours, sans faire aucun mal, mangeant de tout ce qu'on lui donnoit; & mourut dans le tems qu'on le transportoit à Turin, pour le faire voir au Duc de Savoye.

Les Phocas sont fort communs dans la mer d'Ecosse. Ils vont se reposer sur le sable au bord de la mer, & y dorment si profondément, qu'ils ne se réveillent que lorsqu'on en approche. Alors ils se jettent à la mer, & s'élévent ensuite hors de l'eau, pour regarder les personnes qui sont sur le rivage. Il s'en trouve aussi beaucoup sur les côtes de l'Isle Hispaniola: ils entrent dans les fleuves, & paissent l'herbe des rivages. On les nourrissoit à Rome d'avoine & de millet, qu'ils mangeoit lentement, & comme en suçant.

Vous concevez, Monsieur, que ce

que l'art opére dans ces Phocas, la nature peut le faire d'elle-même; & que dans certaines occasions ces animaux ayant bien vécu plusieurs jours hors de l'eau, il n'est pas impossible qu'ils s'accoutument à y vivre toujours dans la suite, par l'impossibilité même d'y retourner. C'est ainsi sans doute, que tous les animaux terrestres ont passé du séjour des eaux à la respiration de l'air, & ont contracté la faculté de mugir, de hurler, d'aboyer & de se faire entendre, qu'ils n'avoient point dans la mer, ou qu'ils n'avoient du moins que fort imparfaitement.

Des chiens ou loups marins.

Du tems de l'embassade du Marquis de Fériol, dont je viens de vous parler on prit proche de Constantinople sur les bords de la mer un petit chien marin de la hauteur d'environ un pied. Sa mere qui étoit plus haute qu'un veau, grosse & épaisse, l'avoit conduit à terre. Elle vint avec fureur aux mariniers, qui avoient saisi son petit; mais quelques coups de fusil qu'ils lui tirerent, l'obligerent de rentrer dans la mer. Ce petit chien qui fut porté au Palais de l'Ambassadeur, & qui y vécut près de six semaines, n'avoit presque point de voix lorsqu'il fut pris; mais elle se fortifia, & grossit d'un jour à l'autre. Cette espèce étoit par là différente de celle de certains chiens de Canada, qui restent toujours muets ce qui prouve invinciblement, qu'ils descendent des chiens marins. Celui dont je parle, étoit laid & farouche. Il avoit les yeux petits, les oreilles courtes, le museau long & pointu. Un poil ras & dur, d'une couleur brune, lui couvroit le corps. Sa queue se terminoit, comme celle de certains poissons & des castors, en forme de voile ou de timon, pour lui servir sans doute à diriger sa course dans la mer.

Dans la basse Allemagne ne nourrit-on pas dans des bassins d'eau douce des loups marins, qu'on peut également appeller chiens marins, & qui sont fort communs dans les mers des pays froids? N'ont-ils pas la figure & le poil des chiens, que vous nommés Danois? Lorsque je passai à Dantzic, j'y en vis un dans un bassin. Au moindre bruit qu'il entendoit sur le bord de l'eau, il levoit la tête, & consideroit qu'elle en étoit l'occasion. Peut-on douter que ce ne soit de cette race de chiens marins, que nous est venue celle qui nous en représente si parfaitement la figure?

De l'origine de l'homme.   Quant à l'homme, qui doit être l'objet de notre principale attention, vous aurez lû sans doute, ajouta notre Philosophe, ce que vos histoires anciennes rapportent des Tritons, ou hommes marins. Mais laissons à part ce que les Anciens ont écrit sur cette matiére. Je passe sous silence ce que votre Pline, qu'on a peut-être mal à propos blasonné du nom de menteur, à dit d'un Triton, qui fut vû dans la mer jouant de la flute. Sa musique n'étoit pas sans doute fort délicate & fort harmonieuse. Je ne parlerai point de cette tradition généralement repandue, qu'il y a des formes humaines parfaites de la ceinture en haut, & se terminant en poisson. Elle a passé chez vous en proverbe, pour désigner un ouvrage, dont la fin ne répond pas au commencement (*a*). J'omettrai encore l'histoire des Sirénes, qui par la douceur de leurs chants n'attirent les hommes, dit-

(*a*) Desinit in piscem mulier formosa superne.
(Hor. de Art. Poët.)

on, que pour les dévorer. J'oublierai en un mot tout ce qui peut être regardé comme l'image de l'imagination des Poëtes. Je ne m'attacherai qu'à des faits attestés, voisins de nos tems, & qui soient à portée de vos recherches.

J'ai lû dans vos histoires, qu'en l'année 55². de votre Ere, le 18 du mois de Mars, un Officier d'une des Villes du Delta, ou de la basse Egypte, se promenant sur le soir avec quelques uns de ses amis sur les bords du Nil, ils apperçurent assez proche du rivage un homme marin suivi de sa femelle, le mâle s'élevant souvent sur l'eau jusqu'à ses parties naturelles, & la femelle seulement jusqu'au nombril. L'homme avoit l'air féroce, & le regard affreux, les cheveux roux & un peu hérissés, la peau brune. Il étoit semblable à nous par les parties que lon appercevoit. Au contraire l'air du visage de la femme etoit doux. Elle avoit les cheveux longs, noirs & flottans sur ses épaules, le corps blanc, les mammelles enflées. Ces deux monstres resterent près de deux heures à portée de la vue de cet Officier, de ses amis, & de tout ceux du voisinage accourus au bruit

Des hommes marins

d'un fait si extraordinaire. On en dressa une attestation signée de l'Officier & de plusieurs autres témoins ; & elle fut envoyée à l'Empereur Maurice, qui régnoit alors.

Pendant le séjour que fit à Derbent Salam, envoyé par Vatec, Calife de la race des Abassides, vers la mer Caspienne, pour reconnoître l'endroit de la forteresse : que les Anciens disent avoir été bâtie, pour empêcher les Peuples du Nord de faire des courses en Asie, il arriva un fait encore plus singulier. Je le tire de Casvini, Auteur Arabe, qui dans son livre intitulé (Agaub el Makloukat;) c'est-à-dire, (Des choses merveilleuses qui se sont trouvées dans les Créatures,] le place à l'an de l'Egire 288. qui répond à l'année 894 de votre Ere. Il rapporte, que le Prince de ce pays là allant un jour à la pêche sur la mer Caspienne, mena avec lui Salam. On prit dans cette pêche un fort grand poisson, qu'on ouvrit sur le champ, & dans le ventre duquel on trouva une fille marine encore vivante. Elle étoit ceinte d'un caleçon sans couture fait d'une peau semblable à celle de l'homme, qui lui descendoit jusqu'aux qu'aux genoux. Cette fille avoit les mains sur son visage, & s'arrachoit les cheveux. Elle poussoit de grands soupirs, & ne vêcut que peu de momens après avoir été tirée du ventre de ce monstre. Casvini ajoute, que le, Tarik Magreb, Histoire Arabe d'Afrique, confirme cette narration par d'autres faits, qu'il cite au sujet des Sirênes & des Tritons trouvés dans la mer.

L'Histoire des Pays-bas rapporte aussi, qu'en l'année 1430. après une grande inondation qui étoit déja diminuée, les filles de la Ville d'Edam située sur la mer de Zélande à l'extrêmité de la petite riviére de Tye, allant de leur Ville en bateau vers la hauteur de Purmeraude, où elles avoient retiré leurs vaches, trouverent en chemin une fille marine ensévelie dans la fange; qu'elles la tirerent de ces boues, la laverent, la nettoyerent, & la menerent à Edam, où elles l'habillerent à leur façon. L'Histoire ajoute, qu'on apprit à cette fille à se vêtir elle-même, à filer, & à faire le signe de la croix; mais qu'on ne put jamais lui apprendre à prononcer une seule parole, quoi qu'on l'eût menée à Harlem, où quelques Sçavans se promettoient de la faire parler. Cette fille étoit semblable à nous, à quelque différence près. Elle avoit conservé un grand amour pour la mer, même pour l'eau des riviéres & des canaux; & on étoit obligé de la garder à vûe, de crainte qu'elle ne s'y jettât, comme elle avoit tenté plusieurs fois de le faire. Mais après avoir contracté pendant quelques années l'habitude de ne respirer que l'air, peut-être n'auroit-elle pû vivre dans l'élément où elle étoit née.

Voici un autre fait tiré d'un Procès-verbal dressé par Pierre Luce Sr. de la Paire, Capitaine Commandant les quartiers du Diamant à la Martinique, le 31 Mai 1671. reçu par Pierre de Beville, Notaire des quartiers de sa Compagnie, en présence du P. Julien Simon Jésuite, & de trois autres témoins qui ont signé au procès-verbal, contenant les dépositions séparées & unanimes de deux François & quatre Négres. Cet acte porte, que le 23 du même mois de Mai ces François & ces Négres étant allés le matin aux Isles du Diamant avec un bateau pour pêcher, & voulant s'en revenir vers le coucher du Soleil, ils apperçurent près du bord d'une petite Isle où ils étoient, un monstre marin ayant la figure humaine de la ceinture en haut, & se terminant par le bas en poisson. Sa queue étoit large, & fendue, comme celle d'une Carangue, poisson fort commun dans cette mer. Il avoit la tête de la grosseur & de la forme de celle d'un homme ordinaire, avec des cheveux unis, noirs mêlés de gris, qui lui pendoient sur les épaules; le visage large & plein, le nez gros & camus, les yeux de forme accoutumée, les oreilles larges; une barbe de même, pendante de sept à huit pouces, & mêlée de gris comme les cheveux; l'estomac couvert de poil de la même couleur; les bras & les mains semblables aux nôtres, avec lesquelles, lorsqu'il sortoit de l'eau, ce qu'il fit deux fois, en plongeant & s'approchant toujours du rivage de l'Isle, il paroissoit s'essuyer le visage, en les y portant à plusieurs reprises, & reniflant au sortir de l'eau, comme font les chiens barbets. Le corps qui s'élévoit au dessus de l'eau jusqu'à la ceinture, étoit délié comme celui d'un jeune homme de

u ij

quinze à seize ans, il avoit la peau médiocrement blanche; & la longueur de tout le corps paroiſſoit être d'environ cinq pieds. Son air étoit farouche. Il les regarda tous avec attention les uns après les autres, ſans paroître étonné. Lorſqu'il l'apperçurent pour la premiére fois, il n'étoit pas à ſept pas du rocher ſur lequel ils ſe trouvoient. Il plongea quelque tems après, & ſe remontra à quatre pas ſeulement. S'étant enfoncé de nounouveau, il reparut à trois pieds, & ſi proche, qu'un deux lui préſenta ſa ligne, pour voir s'il pourroit l'attraper. Il s'éloigna enſuite, tirant vers la Savanne voiſine de l'Iſle où ils étoient; & plongeant une troiſiéme fois, il diſparut.

La deſcription de cet homme marin s'accorde avec ce que je viens de dire, ſi ce n'eſt que l'homme & la femme vûs dans le Nil étant trop éloignés du rivage, on ne put diſtinguer la figure inférieure de leur corps, qui étoit ſous l'eau. Celui que l'on prit à Seſtri de Levant, dans l'État de Génes, paroiſſoit auſſi à la mer être terminé en poiſſon, & avoir la queue partagée, comme celui de la

Martinique. Il se trouva cependant être homme par le bas, comme par le haut. Il est aisé d'appercevoir le sujet de l'erreur dans laquelle nos yeux tombent, en voyant un homme droit dans la mer. Il suffit pour cela de faire attention, que pour se soutenir droit & élevé au dessus de l'eau, il faut tenir les cuisses & les jambes serrées, se roidir, & mouvoir les pieds de bas en haut; ce qui à la vûe produit dans la partie inférieure de l'homme la figure d'un poisson, & d'une queue partagée par la séparation de l'extrêmité d'un des pieds à l'autre. Au contraire l'homme qui nage à plat sur l'eau, nage naturellement en grenouille, en écartant les cuisses & les réunissant, pour pousser l'eau avec la plante des pieds.

Cet homme marin pris à Sestri en 1682. fut vû de tout le Peuple de cette petite Ville. Il ressembloit en tout à celui de la Martinique, excepté qu'au lieu de cheveux & de barbe, il avoit une espéce de calotte mousseuse élevée d'un pouce, & au menton un peu de mousse fort courte. On le plaçoit pendant le jour sur une chaise, où il se tenoit assis fort tranquillement pendant quelque tems;

ce qui prouve que son corps étoit fléxible, & qu'il avoit des jointures, aulieu que les poissons n'en ont point. Il vécut ainsi quelques jours, sans vouloir rien prendre, pleurant & jettant des cris lamentables. J'appris ce détail vingt-cinq ans après, en passant à Sestri, où je trouvai la Connétable Colonne, Dame d'esprit & très curieuse, qui comme moi, s'informoit de ces particularités.

Telle étoit la forme d'un autre homme marin, qui fut tué la nuit d'un coup de mousquet il y a sept à huit ans par la Sentinelle dans un fossé des murs de Boulogne, ou le reflux l'avoit laissé en se retirant, & d'où il s'efforçoit de sortir. La Sentinelle le prenant pour un homme ordinaire qui refusoit de répondre, le tira. Le Sr. le Masson Commis de la Marine en a donné la description, dans le livre qu'il a composé sur les poissons & coquillages de cette côte, imprimé à Paris. Cette différence de chévelure & de barbe entre les hommes marins prouve, que les races humaines à cheveux longs, telles que sont ordinairement les blanches, & celles qui n'ont qu'une espéce de laine à la tête & au menton, comme les noires, tirent également leur origine de la mer.

J'ajouterai encore un fait notoire à la Martinique, & postérieur de plus de trente ans à celui de 1671. que j'ai rapporté. Le Sr. Larcher habitant du lieu revenant un jour au Fort Royal de l'habitation qu'il avoit aux trois Isles, & étant dans son canot armé de huit Négres, la tête tournée à la mer d'un coté, & les Négres de l'autre, ceux-ci s'écrierent tout à la fois, (Un Bequet à la mer) ; ce qui dans leur langage signifie, un homme blanc à la mer. A ce cri le Sr. Larcher ayant tourné la tête vers eux, n'apperçut plus que le bouillonnement des flots à l'endroit, où le monstre avoit disparu. Les huit Négres attesterent séparément, qu'ils avoient vû un homme tel que les Blancs élevé sur la mer de la ceinture en haut, & les regardant ; ajoutant qu'il s'étoit enfoncé dans la mer au moment qu'ils avoient crié, un Béquer.

Ces exemples ne sont donc pas aussi rares, qu'on pourroit se l'imaginer ; & s'il se trouve de ces hommes marins dans les mers les plus fréquentées, n'est-il pas vraisemblable qu'ils doivent se rencontrer encore en plus grand nombre dans celles qui baignent des côtes désertes ?

On lit dans l'Histoire de Portugal & dans les Relations des Indes Orientales, que s'étant fait un jour une pêche à la pointe de l'Inde d'une troupe de Tritons, ou hommes marins, on ne put en faire parvenir au Roi Dom-Emanuel qui régnoit alors, qu'une femme & une fille, tous les autres au nombre de quinze étant morts, ou aussi-tôt après leur sortie de la mer, ou dans le trajet des Indes à Lisbonne. Cette femme & cette fille étoient d'une tristesse extrême : rien ne pouvoit les réjouir ; & elles mangeoient si peu, qu'elles diminuoient à vûe d'œil. Le Roi touché de leur état, & peut-être poussé d'un esprit de curiosité, ordonna qu'apres les avoir attachées d'une chaîne légére, on leur laissât la liberté de retourner à la mer dans quelque endroit de peu de fond. On ne les eut pas plutôt mises en état de le faire qu'elles s'y jetterent avec empressement, & que s'y étant plongées, elles jouerent ensemble, & firent dans l'eau où on les remarquoit parfaitement, cent tours qui témoignoient leur satisfaction & leur joie. On les y laissa plus de trois heures, sans que jamais dans cet intervalle

valle elles s'élévassent au dessus de l'eau pour respirer. Depuis ce jour là, où le Roi & toute sa Cour eurent la satisfaction d'être témoins d'un spectacle si nouveau, on continua de les mener tous les jours au même rivage, & de les laisser jouir du même plaisir, à la faveur duquel elles vécurent encore quelques années. Mais jamais elles ne purent apprendre à articuler une seule parole.

Le fait que je vais vous rapporter est d'une autre espéce, & encore plus singulier. Sur la fin du siécle dernier, un vaisseau Anglois de la Ville de Hall, située à soixante milles de Londres sur la côte septentrionale d'Angleterre, étant à la pêche de la baleine dans les mers de Groënland, à cent cinquante lieues de terre, se trouva environné vers le midi de soixante ou quatre vingts petites barques, dans chacune desquelles il y avoit un homme. On ne les eut pas plutôt découvertes, que les chaloupes du vaisseau firent force de rames, pour en joindre quelques-unes : mais ceux qui montoient ces barquettes, qu'ils conduisoient avec deux petites rames, s'en étant apperçus, & voyant que les chaloupes les ga-

x

gnoient, plongerent tous à la fois dans la mer avec leurs barques, sans que de tout le jour il en reparût qu'une seule. Celle-ci revint sur l'eau un instant après, parce qu'en plongeant, une de ses rames s'étoit cassée. Après quatre heures de chasse, & cent nouveaux plongeons que faisoit la barquette à mesure que les chaloupes approchoient, elle fut prise enfin avec celui qui la conduisoit. On le mena à bord du vaisseau, où il vécut vingt jours, sans jamais avoir voulu prendre aucune nourriture, & sans jetter aucun cri, ni pousser aucun son, qui pût donner à connoître qu'il eût l'usage de la parole, soupirant pourtant sans cesse, & les larmes coulant de ses yeux. Il étoit fait comme nous, avec des cheveux & une barbe assez longue : mais de la ceinture en bas son corps étoit tout couvert d'écailles.

A l'égard de la barquette, elle avoit huit à neuf pieds de longueur, & étoit fort étroite sur tout aux deux extrêmités. Les membres en étoient d'os de poisson, jusqu'au siége sur lequel l'homme étoit placé. Elle étoit couverte en dedans & en dehors de peaux de chien marin bien coufues les unes aux autres. Cette efpéce d'emballage étoit ouvert au milieu de la grandeur nécessaire pour y introduire le rameur; & cette ouverture étoit garnie d'une espéce de bourse ou de sac de la même peau, dont l'homme introduit dans la barque jusqu'à mi-corps se ceignoit si parfaitement avec des bandes aussi de peau de chien marin, que l'eau ne pouvoit y entrer. Devant lui étoient deux morceaux de la même peau attachés sur la couverture, où ils formoient deux espéces de poches. Dans l'une on trouva des lignes & des hameçons faits aussi d'os de poisson; & dans l'autre des poissons, qui paroissoient avoir été pris depuis peu. A côté du rameur étoient deux petites rames, attachées au bateau, ou panier, par deux bandes faites aussi de peau de chien marin. Tout cet attirail, avec l'homme desséché, se voit encore aujourd'hui à Hall dans la Salle de l'Amirauté; & le Procès-verbal de cette découverte, dûment attesté par le Capitaine du vaisseau & tout l'Equipage, se trouve dans les archives de cette jurisdiction.

Les conséquences d'un fait si singulier & si autentiquement attesté, sont telles pour les preuves de la possibilité de la sortie des races humaines des eaux de la mer, qu'il ne paroît pas qu'après cela on puisse en douter. En effet à la raison près dont il n'est point ici question, les hommes de ces petites barques étoient des hommes tels que nous; hommes encore muets à la vérité, mais vivant dans la mer comme dans l'air, puisque de tout le jour il n'en reparut aucun sur les flots; hommes bûvans sans doute l'eau de la mer, puisqu'il ne se trouva point d'eau douce dans la barquette qui fut prise, & qu'ils étoient à cent cinquante lieues de terre, sur laquelle certainement ils avoient dû construire leurs barques, & prendre le bois nécessaire, pour faire les rames dont ils se servoient; hommes qui par conséquent avoient des reconnoissances pour retourner dans les mêmes lieux, soit qu'ils les tirassent de la disposition des étoiles & du soleil, ou du fond des mers, sous lesquelles ils pouvoient marcher & rester à la faveur de leurs rames. Il étoit d'ailleurs nécessaire, qu'ils raccommodassent leurs petites barques dans les lieux où ils les avoient construites, & où ils avoient peut être leurs femmes & leurs enfans : toutes circonstances dignes d'u- singuliére attention, & des réfléxions les plus profondes.

Le P. Henriquez Jésuite, rapporte dans une de ses deux lettres imprimées à Venise en 1548. & 1552. qu'étant aux Indes Orientales proche la pointe de l'Inde, il fut un jour invité à venir voir seize Tritons, sept mâles & neuf femelles, qu'on avoit pris d'un coup de filet. On m'a assûré, qu'on prit dans le Texel il n'y a pas plus de trente ans un homme marin, qui vécut trois jours, & qui fut vû de tout le peuple d'Amsterdam. Ceux qui voyagent dans les mers de Groenland attestent, qu'ils rencontrent souvent sur les côtes de ce pays de ces figures mâles & femelles, mais plus grandes que dans les autres mers. Cent exemples semblables qu'on lit dans vos livres, sur-tout dans vos Relations, font foi qu'il en paroît assez fréquemment à la vûe des vaisseaux dans le cours de leur navigation, même souvent assez proche, pour qu'il soit facile de les distinguer parfaitement.

En voici une preuve si récente, si circonstanciée & si autentique, qu'il n'est pas possible de ne s'y point rendre. En l'année 1720. le 8. Août jour de Jeudi, les vents variables étant à l'Est-Sud-Est, à vingt huit ou trente brasses d'eau, sept navires en vue mouillant sur le banc de Terre-Neuve, il parut sur les dix heures du matin à bord d'un vaisseau François nommé (la Marie de grace,) commandé par Olivier Morin, un homme marin, qui premiérement se montra à bas-bord sous le theux ou baril du Contre-Maître appellé (Guillaume L'aumône.) Aussi-tôt celui-ci prit une gaffe, pour le tirer à bord : mais le Capitaine l'en empêcha, de crainte qu'il ne l'entraînât avec lui. Par cette raison il lui en donna seulement un coup sur le dos, sans le piquer.

Lorsque le monstre se sentit frapper, il prêta le visage au Contre-Maître, comme un homme en coléred qui eût voulu faire un appel. Malgré cela il ne laissa pas de passer dans les lignes en nageant, pour faire le tour du vaisseau. Quand il fut derriére, il prit le gouvernail avec ses deux mains; ce qui obligea l'Equipage de mettre deux palans, de peur qu'il ne fît quelque dommage. Il repaſſa enſuite par ſtribord, nageant toujours comme eût pû faire un homme véritable; & lorſqu'il fut à l'avant du vaiſſeau, il s'arrêta à regarder la figure, qui étoit celle d'une très-belle femme. Après l'avoir long-tems conſidérée, il prit la ſoûbarbe du Beaupré, & s'éléva hors de l'eau, pour tâcher à ce qu'il ſembloit, de faire tomber la figure. On attacha une morne à une corde, & on la laiſſa pendre à côté du vaiſſeau. Il la prit & la mania, ſans la rompre.

Il nagea enſuite au vent du vaiſſeau environ la longueur d'un cable; & paſſant par derriére, il prit de nouveau le gouvernail. Le Capitaine ayant fait préparer un harpon, eſſaya lui même de le harponner: mais parceque le cordage n'étoit point paré, il manqua ſon coup. Le manche frappa ſeulement ſur le dos de l'homme marin, qui à ce coup prêta long-tems le viſage au Capitaine; comme il avoit fait au Contre-Maître, & avec les mêmes geſtes. Après cela le monſtre repaſſa à l'avant du navire, & s'arrêta encore à conſidérer la figure; ce qui engagea le Contre-Maître à se faire apporter le harpon. Mais craignant que cette homme marin ne fût la vision d'un matelot nommé la Commune, qui l'année précédente le 18. du même mois d'Aout s'étoit défait à bord du vaisseau, sa main tremblante adressa mal le coup; ensorte que pour la troisiéme fois le monstre ne fut frappé que du bâton, auquel le harpon étoit attaché. Alors il présenta encore le visage d'un air menaçant, comme il avoit fait les deux premiéres fois. Cela ne l'empêcha pourtant pas de se rapprocher encore davantage du bord, & de prendre une ligne, avec laquelle pêchoit un matelot nommé Jean Marie; après quoi il nagea de nouveau au vent environ la portée d'un coup de fusil.

Il revint ensuite à bord très-proche, & s'éleva hors de l'eau jusqu'au nombril; ensorte que tout l'Equipage remarqua parfaitement, qu'il avoit le sein aussi plein, que celui d'aucune fille ou femme. Il se renversa ensuite sur le dos, & prit avec ses mains ses parties naturelles, d'une grosseur & d'une figure pareilles à celles d'un cheval entier; apres quoi

quoi il fit de nouveau le tour du navire, & prit encore le gouvernail. Delà nageant lentement, il s'éleva hors de l'eau, & tournant le dos, il fit ses immondices tout contre le vaisseau. Après cela il s'éloigna de sorte, qu'on le perdit de vûe.

Ce manége avoit duré depuis dix heures du matin jusqu'à midi, le monstre ayant toujours été pendant ce tems là proche du vaisseau, souvent à deux ou trois pieds de distance, ensorte que l'Equipage composé de trente deux hommes eu le plaisir & la commodité de remarquer les particularités suivantes: qu'il avoit la peau brune & basanée, sans écailles; tous les mouvemens du corps depuis la tête jusqu'aux pieds, tels que ceux d'un véritable homme; les yeux fort bien proportionnés; la bouche médiocre, eu égard à la longueur du corps, qui fut estimée par tout l'Equipage de huit pieds; le nez fort camard, large & plat; les dents larges & blanches, la longue épaisse, les cheveux noirs & plats; le menton garni d'une barbe mousseuse, avec des moustaches de même sous le nez; les oreilles semblables à celles

y

d'un homme ; les pieds & les mains pareils, excepté que les doigts étoient joints par une pellicule, telle qu'il s'en voit aux pattes des oies & des canards. En général c'étoit un corps d'homme aussi bien fait, qu'il s'en voie ordinairement.

Ce détail est tiré d'un Procès-verbal, qui en fut dressé par un nommé Jean Martin Pilote de ce vaisseau, signé du Capitaine, & de tous ceux de l'Equipage qui sçavoient écrire, & qui fut envoyé de Brest par M. d'Hautefort à M. le Comte de Maurepas le 8 Septembre 1725.

En 1751. on avoit pris à deux lieues de Nice un requin d'une grandeur extraordinaire, dans le ventre duquel on trouva une main de figure humaine séparée du bras, comme si elle eût été coupée avec une hache. Cette main étoit encore si saine, que par le peu d'impression que la digestion de l'animal avoit faite dessus, il étoit aisé de voir, qu'elle venoit d'être avallée. Elle fut vûe d'une infinité de personnes, entr'autres du Sr. l'Honoré pourvoyeur de la Cour de Turin, de qui je tiens ce fait, ainsi que d'un pêcheur qui assista à l'ouverture de ce poisson. Les doigts de cette main absolument semblable à celle d'un homme étoient unis l'un à l'autre par une pellicule, comme le sont les pattes des oies & des canards; preuve certaine qu'elle ne pouvoit être que celle d'un homme marin, à qui le requin venoit de l'enlever dans l'instant même, sans avoir pu engloutir l'homme entier, ou du moins une partie de son corps plus considérable.

Peut-être direz-vous, Monsieur, que ces faits iroient à établir, qu'il y a différentes espéces d'hommes. Pour moi, il me semble qu'il est très-difficile de n'en pas convenir, après tous les témoignages que nous en avons. Ne sçait-on pas, que dans l'Isle de Madagascar il se trouve une espéce d'homme sauvage encore muet si vite à la course, qu'il est presque impossible de l'atteindre & de l'attraper.

Il n'y a qu'assez peu de tems, que deux vaisseaux étant partis de vos côtes, pour aller faire un chargement de Noirs du côté du Sénégal, un d'eux fut séparé de sa conserve par une grande tempête, & obligé faute d'eau d'aborder à une terre peu fréquentée. Le Roi de ce pays fit préfent au Capitaine d'un animal tout velu qu'il embarqua, & qui fut pris pour un finge d'une figure extraordinaire. Le vaiffeau remit enfuite à la voile, & effuya depuis tant de tempêtes, que les matelots toujours fuperftitieux s'imaginerent, que ce mauvais tems provenoit de cet animal qui étoit à bord. Ils demanderent qu'il fut jetté à la mer ; & le Capitaine qui eut fort fouhaité de le conferver, fut obligé de les contenter. Quelques tems après ayant abordé à un autre port, qui n'étoit pas fort éloigné du premier, il apprit avec étonnement & avec regret, que ce finge prétendu étoit un homme d'une efpéce finguliére, qui habitoit des montagnes voifines de l'endroit où il avoit été embarqué.

Rien n'eft plus commun, que ces hommes fauvages. En 1702. la Compagnie Hollandoife des Indes Orientales fit partir de Batavia deux vaiffeaux vers les côtes de la Nouvelle Guinée & des Terres Auftrales, pour y négocier, & faire quelque nouvelle découverte. Pendant cette expédition qui ne fut point utile, ces Hollandois se saisirent dans une descente de deux animaux mâles, qu'ils amenerent à Batavia, & qu'ils nommerent dans la Langue du pays (Orans-outans,) c'est-à-dire, hommes silvains. Ils avoient toute la forme humaine, & marchoient comme nous sur deux pieds. Leurs jambes & leurs bras étoient très déliés, & revêtus de poil: ils en avoient aussi partout le corps, & jusques sur le visage. Leurs pieds étoient applatis par l'endroit, qui les unissoit à la jambe; ensorte qu'ils ressembloient à un morceau de planche, dans lequel on auroit planté un bâton. Ces Orans-outans avoient les ongles des doigts des pieds fort longs, & un peu crochus: ils n'articuloient les sons que très confusément. Du reste ils étoient fort tristes, doux & paisibles. L'un mourut à Batavia, & l'autre dans la route de Hollande, où on l'envoyoit comme une rareté digne de l'admiration de toute l'Europe. En effet si on ne pouvoit pas dire que ces créatures vivantes fussent des hommes, elles leur ressembloient si fort, qu'il y eût eu de la témérité à assûrer, qu'ils n'étoient que des animeaux.

Des hommes à queues

Pour revenir aux diverses espéces d'hommes, ceux qui ont des queues peuvent ils être les fils de ceux qui n'en ont point? Comme les singes à queue ne descendent certainement point de ceux qui sont sans queue, ne seroit-il pas naturel de penser de même, que les hommes qui naissent avec des queues sont d'une espéces diverse de ceux qui n'en ont jamais eu? Aussi sont-ils encore caractérisés par des qualités fort différentes. Je sçai que bien des gens se persuadent, ou qu'il n'y a point d'hommes avec des queues, ou que s'il s'en trouve quelques uns, c'est une erreur de la nature, ou bien un effet de l'imagination des méres. Mais ceux qui pensent de la sorte, se trompent certainement, en supposant que les hommes & les femmes de cette espéce, ou bien n'éxistent point, ou du moins sont fort rares. Il est vrai que la turpitude attachée à cette difformité, le caractére farouche & de peu d'esprit de tous ceux qui y sont sujets, leur pilosité naturelle, les oblige à se cacher des autres hommes avec lesquels ils vivent. Ils prennent le même soin pour leurs enfans; & ceux-ci instruits par leurs Parens, en usent de même à l'égard de leur postérité. Du reste il est constant, que cette race d'hommes à queue est beaucoup plus nombreuse qu'on ne se l'imagine; & que ce proverbe si commun parmi vous, (Homines caudati,) pour désigner des gens sans esprit, n'est nullement métaphorique. Il est fondé sur la vérité. Il y a beaucoup de ces hommes en Ethiopie: il y en a aux Indes, en Egypte, en Angleterre, sur-tout en Ecosse; toutes vos relations en font foi. On en trouve même en France, où j'en ai vû plusieurs. Mais je me contenterai sur cet article de quelques faits récents, & assez voisins de vous, pour que vous soyez à portée de les vérifier.

Le Sr. Cruvillier de la Cioutat, qui fit avec succès & avec courage la course contre les Turcs, & qui péri en Caramanie dans un vaisseau, qu'un des Officiers de son bord, pour se venger de son Capitaine, fit sauter en l'air, en mettant le feu aux poudres, a été aussi connu par la queue avec laquelle il étoit né, que par ses actions de valeur. Il n'étoit encore qu'Ecrivain d'un vaisseau marchand, lorsqu'un jour ce vaisseau mouillant au port d'Alexandrie, un Bacha qui passoit au Caire, & qui fut instruit des exploits de ce jeune homme, lui fit proposer de lutter contre un Noir, qu'il avoit à son service, & lui promit trente sequins, s'il sortoit victorieux de ce combat. Ce Noir avoit tué quinze ou seize hommes dans cet exercice. Quoique le Sr. Cruvillier en fût bien informé, il accepta la proposition du Bacha, & se rendit à la lutte sans aucune préparation. Le noir au contraire se présenta le corps frotté d'huile, & nud, ainsi que le pratiquoient les anciens Athlètes, n'ayant qu'une simple serviette pour couvrir sa nudité. Ils se mesurerent d'abord l'un & l'autre pendant quelque tems, avant que de s'aborder. Enfin après quelques feintes, le Noir se jetta tout à coup sur le Sr. Cruvillier dans la résolution de le saisir : mais celui-ci qui avoit les bras tendus, dans l'espérance de l'en empêcher, lui enfonça si rudement de part & d'autre ses doigts au défaut des côtes, qu'ils entrerent dans le corps du Noir comme s'il eût été de beurre. Par-là il lui ôta la respiration & la force ; & le serrant entre ses mains, il l'étouffa. Ensuite te l'élevant de terre, il le jetta par dessus sa tête avec tant de force, que la tête du Noir entra toute entiére dans le sable. Le Bacha témoin avec tout le peuple & tous les Etrangers qui se trouvoient à Alexandrie, d'une force si extraordinaire, quoique touché de la perte de son Noir, ne laissa pas de faire compter au Sr. Cruvillier, les trente sequins qu'il lui avoit promis. Ce Cruvillier lorsqu'il étoit en course & qu'il s'agissoit d'appareiller, laissoit à son équipage le choix, ou de lever les ancres, tandis qu'il hausseroit les huniers, ou de hausser ceux-ci, tandis qu'il leveroit seul les ancres. Il avoit un frère d'une force égale à la sienne. Celui ci étoit à Tripoli de Barbarie, où les Turcs l'obligerent de se faire Mahométan. On prétend qu'il avoit aussi une queue.

Lorsque je passai dans cette derniére Ville au commencement de ce siécle, j'y vis un Noir, nommé Mahammed, d'une force extraordinaire. Il menoit seul une grosse chaloupe à l'aide de deux rames avec plus de vîtesse, que vingt autres n'auroient pû faire. D'une seule main il renversoit deux à trois hommes, & portoit des fardeaux d'une pesanteur étonnante. Il étoit velu & couvert de poil, contre l'ordinaire des Noirs, & avoit une queue d'un demi-pied de longueur, qu'il me montra. Je m'informai de son pays, qu'il me dit être du côté de Borno. Il m'assura que son pere avoit une queue comme lui, ainsi que la plupart des hommes & des femmes de la contrée, qui vont tout nuds, & chez lesquels cette queue n'a rien de déshonorant, comme en Europe. Les marchands de Tripoly qui trafiquent en esclaves noirs, m'assûrerent aussi, que ceux de ce pays étoient plus farouches, plus forts & plus difficiles à dompter, que de tout autre; qu'ils avoient presque tous des queues, les femmes comme les hommes; & qu'il leur en passoit plusieurs par les mains, qu'on vendoit bien à la côte de Caramanie, où ils étoient employés à couper des bois.

Il n'est point honteux à un Naturaliste d'approfondir des faits qui peuvent l'instruire des secrets de la nature, & le conduire à la connoissance de certaines vérités. Etant à Pise en l'année 1710. je fus informé qu'une Courtisane s'étoit vantée d'avoir connu un Etranger qui y avoit passé trois ans auparavant, & qui étoit de l'espéce de ces hommes à queue dont je parle. Cela me donna la curiosité de la voir, & de la questionner sur cette avanture. Elle n'avoit pas encore alors plus de dix-huit ans, & étoit fort belle. Elle me conta, que revenant de Livourne à Pise, en 170. dans un bateau de voiture, elle y rencontra trois Officiers François, dont un devint amoureux d'elle. Cet homme étoit grand & bien fait, & pouvoit avoir trente-cinq ans. Il étoit fort blanc de visage, ayant la barbe noire & épaisse, les sourcils longs & garnis. Il passa la nuit avec elle, & approcha fort de ce travail, par lequel Hercule n'est pas moins fameux dans la Fable, que par ses autres exploits. Il étoit si velu, que les Ours ne le sont guéres davantage: le poil dont il étoit tout couvert avoit près de demi-pied de longueur. Comme cette femme n'avoit jamais rencontré d'homme de cette espéce, la curiosité qui lui faisoit porter les mains de tous côtés sur le corps de celui-ci, les lui ayant fait étendre sur ses fesses, elle y trouva une queue de la grosseur du doigt, & de la longueur d'un demi-pied, qu'elle empoigna, en lui demandant ce que c'étoit. Cette queue étoit velu, comme le reste du corps. Cet homme répondit d'un ton brusque & chagrin, que c'étoit un morceau de chair qu'il portoit de naissance, par le désir que sa mere avoit eu étant grosse de lui, de manger d'une queue de mouton; & depuis ce moment elle remarqua qu'il ne lui témoigna plus la même amitié. L'odeur de sa sueur étoit si forte & si particuliére, elle sentoit tellement le sauvage, que cette femme fut plus d'un mois à en perdre le sentiment, qu'elle s'imaginoit trouver partout.

Une personne de votre pays m'a assuré, que feu M. de Barsabas & sa sœur Religieuse, tous deux fameux par plusieurs traits, qui marquent en eux une force extraordinaire, avoient une queue. Je vis à Orléans, lorsque j'y passai, un homme qui en avoit une. Il étoit aussi très fort & très-velu. J'ai sçu depuis qu'ayant voulu faire couper cette queue, il mourut de cette opération, dont le Mercure du mois de Septembre 1718. fait mention. Il y a à Aix dans la rue Courrissade une femme du peuple, nommée Louise Martine, qui à l'âge de trente cinq ans fut attaquée de la contagion, lorfqu'elle affligea cette Ville. Ceux qui la foignoient dans fa maladie découvrirent qu'elle avoit une queue, & la firent voir à diverfes autres perfonnes; enforte que l'hiftoire en devint publique. Cette femme qui a du poil au menton, groffe & puiffante, ayant les fourcils & les cheveux fort noirs, à une force extraordinaire, & porte fur fes épaules deux faix de bled, comme une autre pourroit porter un fagot. Un jour elle donna un foufflet à un homme, qu'elle étendit par terre du coup, & qui refta demi-heure évanoui. Il y a encore à Aix un certain Bérard Procureur, nommé (queue de porc,) parce qu'il eft connu pour avoir réellement une queue, qu'on lui a vûe lorfqu'il fe baignoit étant enfant. Il ne la nie pas lui-même. Mais il n'eft pas de forte complexion, comme cette femme dont je viens de parler. Il a cependant une phyfionomie particuliére, & un vifage femé de beaucoup de roufleur.s

A ces faits qui font à portée d'être approfondis des Curieux, je pourrois en ajouter beaucoup d'autres des régions éloignées. Mais j'espére qu'ils suffiront pour vous persuader, que les hommes à queue qu'on découvre de tems en tems, ne sont pas nés avec ces queues par un effet du hazard ou de l'imagination de leur mere. Ce sont probablement des hommes d'une espéce aussi différente de la nôtre, que l'espéce des singes à queue est différente de celle des singes qui n'en ont point. La férocité des hommes qui ont des queues, leur force extraordinaire, leur pilosité, la communication de ces queues des péres aux enfans, semblent être des preuves certaines d'une différente espéce. Si cette férosité & cette pilosité extraordinaire ne sont pas toujours égales dans tous les sujets de cette race, cette variété ne procéde, que de ce que cette espéce mêlée à la nôtre, perd sans doute quelques-unes de ses propriétés, & que l'une se conserve dans un sujet produit de ce mêlange, tandis que les autres s'affoiblissent, ou se cachent pour quelque tems. Ainsi un fils né d'un pére qui a une queue, & d'une mére qui n'en a point, peut être sans queue; & ce fils peut avoir d'une femme qui n'aura point de queue, un enfant qui ressemblera par là à son aïeul. Il peut être velu, & n'avoir point de queue, avoir une queue, & n'être pas velu.

Un de vos Auteurs prétend, que dans la partie méridionale de l'Isle Formose il y a des races avec des queues sans mélange, telle que celle de l'Afrique, dont les Marchands de Tripoly me parlerent. Un autre (a) assure, qu'il en a trouvé des Nations entiéres dans les Moluques & aux Philippines. Au moins est-il constant parce que je viens de vous rapporter, que malgré le mélange de cette race à la nôtre, elle se perpétue & se conserve quelquefois telle qu'elle étoit dans son origine, quelquefois tenant du mixte des deux; & qu'après s'être abatardie, elle peut reprendre toute la force de son essence, si un sujet produit de ce mélange en trouve un autre, qui soit dans le même cas. C'est là une des causes de la diversité qui se remarque dans la constitution de ces hommes.

Les Américains, surtout les races Canadiennes; excepté les Esquinaux, n'ont *Des hommes sans barbe.*

(a) Gemelli, (Voyage du tour du Monde.

ni poil, ni barbe. Si on transporte les Brasiliens en Portugal, & les Canadiens en France ou en Angleterre, eux & leurs descendans resteront toujours sans barbe & sans poil. Au contraire les enfans des Portugais transportés depuis deux cens ans dans le Bresil, & ceux des François établis en Canada depuis le même tems, ont autant de poil & de barbe, qu'en avoient leurs ancêtres. Les hommes sans barbe & sans poil qui naissent dans les pays chauds & froids, viennent-ils des races barbues de ces mêmes pays? Les Maures blancs & noirs de l'Afrique & des pays Septentrionaux, si différens des hommes par les traits, & par la laine dont leur tête est couverte, aulieu de cheveux, descendent-ils des hommes qui ont un air, une taille, une chevelure si différente de ceux-là? On vend au Caire des Noirs d'un certain canton de l'Afrique, dont le membre viril se courbe dans l'érection du milieu vers l'extrémité. Ces hommes sortent-ils des autres Noirs, dans lesquels on ne remarque point cette singularité? On en voit une autre race, dont le tour de la prunelle des yeux est rougeâtre, aulieu que la nôtre

tre est blanche; & cette espéce est d'un si mauvais naturel, que personne ne veut en acheter. Il y en a dont les bras & les jambes sont si déliés, qu'ils ne sont pas plus gros que des fuseaux.

Je vous ai parlé de ces Esquimaux, qui de toutes les nations du Canada, sont la seule qui ait du poil & de la barbe. Il n'y a que deux à trois ans que ces peuples ayant fait une course vers le Fort de Pontchartrain, on prit sur eux deux hommes & deux filles. Celles-ci dont l'une pouvoit avoir seize ans, & l'autre quatorze, furent conduites au Fort, où Made. de Courtemanche mere du Commandant, de laquelle je tiens ce détail, les prit chez elle. La plus jeune de ces filles mourut; l'autre qui avoit beaucoup d'esprit, apprit le François, & demeura deux ans dans le Fort. Un jour considérant les matelots de nos bâtimens, qui abordent à cette rade pendant l'Eté pour y faire la pêche, cette jeune Sauvage demanda à sa Maîtresse, pourquoi dans notre Nation il n'y avoit pas des hommes d'une seule jambe, comme parmi les Esquimaux. Cette Dame lui ayant répondu, qu'il y avoit en France,

Des hommes d'une jambe, & d'une seule main.

a a

comme ailleurs, des hommes qui avoient perdu une de leurs jambes ; mais que ces hommes n'étant plus propres à la navigation, on ne les embarquoit point. Ce n'est point, reprit cette fille, de ces hommes, dont il s'agit ; il y en a aussi de ceux là parmi nous : je parle d'une race, dont les hommes & les femmes n'ont qu'une jambe, même qu'une seule main faite d'une façon extraordinaire. Ces hommes sont en grand nombre, ne rient jamais, & marchent en sautillant. Ils servent à relever nos barques, quand elles coulent bas à la mer, & à aller chercher ce qui y tombe. Ils parlent & raisonnent, comme les autres Esquimaux. Envain Made. de Courtemanche chercha à la faire varier dans cette déclaration, prétendant que la chose étoit impossible. Cette fille qui ne se coupa jamais, soutint constamment à vingt reprises, qu'il y avoit de ces hommes & de ces femmes en très-grand nombre, & qu'ils formoient une Nation entiére.

Des Noirs. Je pourrois vous rapporter vingt autres particularités, qui semblent prouver dans les hommes une différente espéce. Mais je me contenterai de vous demander en général, si vous croyez que les hommes noirs sont descendus des blancs ; & pourquoi dans ceux-là, plutôt que dans ces derniers, on trouve, dit-on, immédiatement au dessous de l'épiderme une membrane délicate, qu'on croit être la cause de leur noirceur. En effet cette tunique émousse & absorbe sans doute les rayons de la lumiére, comme au contraire une feuille de vif-argent appliquée derriére une glace, les renvoit & les réfléchit. Mahomet étoit si frappé de la différence de ces deux espéces d'hommes, blancs & noirs, qu'il n'a pas craint d'avancer, que Dieu avoit formé les uns avec de la terre noire, & les autres avec de la blanche. Il n'imaginoit pas que des hommes si différens, non seulement en couleur, mais encore en figure & en inclinations, eussent une même origine. Il observe dans un autre endroit, que quoi qu'il y ait eu des Prophêtes de toutes les Nations, il n'y en a jamais eu parmi les Noirs ; ce qui marque qu'ils ont si peu d'esprit, que le don de prévoyance, effet d'une sagesse naturelle qu'on a honoré en quelques-uns du nom de prophétie, n'a jamais été le partage d'aucun d'entre eux.

Des Géants. Il y a cependant, à mon avis, des différences encore plus marquées dans les races humaines que nous connoissons. Car outre celles dont je viens de vous parler, les Géants peuvent-ils avoir la même origine que nous ? On trouva il y a environ cinquante ans à six lieues de Salonique, dans un tombeau bâti de grosses pierres au pied d'une colline voi- du Village appellé (Katikioi,) un corps humain de quarante-cinq coudées de longueur. Au bruit de cette nouvelle, le Sr. Dusquenet alors Consul de France en cette Ville envoya du monde & des Janissaires, que lui donna Cara-Ailam Jsmaël-Pacha, qui commandoit à Salonique, pour enlever les ossemens de ce Géant. Ce qu'on put en ramasser fut envoyé dans deux grandes caisses à Paris, où la plus grande partie se voit encore dans la Bibliothéque du Roi. La tête dont le peuple s'étoit emparé, fut apportée à Salonique, & suspendue au haut de la porte de la Marine, pour perpétuer la mémoire de ce prodige. Mais les injures du tems l'ayant pourrie, son grand poids la fit tomber quelques années après, & elle fut malheureusement brisée. Le crâne en étoit si vaste, qu'avant quelle fût suspendue, il y étoit entré sept quilots de bled de ce pays là pesant dix-sept cens livres de France. Une des dents de devant & une de derriére ayant été pesées, la premiére se trouva de cent quarante, & l'autre de quatre cens vingt dragmes, c'est-à-dire, l'une d'environ une livre & demie, l'autre de plus de quatre livres. Un des hommes envoyés par le Consul pour enlever les os du géant, vivoit encore lorsque je passai à Salonique, & servoit à la Porte Consulaire. C'est de lui que je tiens ces particularités.

La France a eu aussi des géants. Il n'y a pas plus de cinq cens ans, qu'en Dauphiné il y en avoit un de dix huit pieds de hauteur, dont le tombeau, les ossemens & la représentation se voyent encore sur les murs d'une Eglise où il fut inhumé. On en a fait voir à Paris dans ce dernier siécle de huit à dix pieds de hauteur. On vient même d'en découvrir une nation entiére en Amérique : voici ce qu'on m'en écrit.

Quatre Sauvages du Village de Sejou en Canada étant partis de leur habitation, pour aller, selon la coutume Canadienne, faire un prisonnier, qui remplaçat un des leurs qu'on avoit assassiné, prirent leur route vers l'Ouest, & traverserent diverses contrées, dont les peuples étoient quelques fois leurs ennemis. Ils les évitoient, pour aller au plus loin exécuter cette résolution, qui passe chez eux pour une action de bravoure. Ils marcherent de cette sorte pendant dix mois entiers, & jusqu'à ce qu'ils arriverent dans un pays, dont les hommes avoient dix à douze pieds de haut ; ravis d'avoir trouvé ces géants, il se proposerent d'en lier un, & de l'emmener avec eux. Dans ce dessein ils se cacherent dans des broussailles voisines d'une de leurs habitations, où ils resterent trois jours. Pendant ce tems là ils en virent aller & venir plusieurs, qu'ils n'oserent attaquer, parce qu'ils étoient accompagnés. Au bout de ce terme, un seul étant passé, ils lui tirerent leurs fléches tous à la fois. Le géant blessé tomba par terre ; & comme ses blessures se trouverent trop considérables pour l'emmener, ils lui coupèrent la tête, avec laquelle ils revinrent chez eux au bout de dix-huit mois d'absence. Cette tête avec la chévelure qu'ils en avoient arrachée, fut vûe par un Officier François nommé Pachot, qui étoit alors en ces quartiers là avec un détachement de la Colonie du Canada. Au rapport de l'Officier, cette tête étoit au moins trois fois plus grosse que l'ordinaire.

On vient de voir à Londres la main d'un géant marin tué vers la Virginie d'un coup de canon, ayant à sa suite un autre géant plus petit, qui sans doute étoit un de ses enfans. La main de ce géant avoit quatre pieds de la jointure à l'extrêmité des doigts ; & elle étoit si parfaitement semblable aux nôtres, avec des lignes, des ongles, des doigts si pareils, qu'il n'étoit pas possible de douter, que ce ne fût une main humaine. Plusieurs Chirurgiens la crurent même imitée : mais l'ayant sondée, ils furent aussi-tôt détrompés. Je tiens ce fait du frére de Milord Baltimore, qui m'a assûré avoir vû & touché cette main, ainsi que l'éléphant marin qu'on montroit à Londres dans le même tems.

Les Géants ne sont donc pas une race d'hommes imaginaires. Il y en a eu, & il y en a même encore. J'ai vû un livre intitulé, (Histoire universelle des Indes occidentales] de Wirflict, traduite du Latin en François, & imprimée à Douai en 1707. L'Auteur y rapporte, qu'en 1522. Magellan étant proche du Détroit appellé de son nom, fit descendre au port nommé depuis St. Julien divers Soldats & Matelots. Ceux ci étant entrés fort avant dans les terres, trouverent une maison séparée en deux logemens. Dans l'un étoient trois hommes de la hauteur de dix pieds, & dans l'autre leurs femmes & leurs enfans. Ils amenerent par adresse un de ces hommes à bord; les deux autres se sauverent. Ce géant avoit le gosier si large, qu'il y faisoit entrér une fléche de la longueur d'un pied & demi. Il étoit si fort, qu'il fallut huit hommes pour le lier. Il mangeoit une corbeille de biscuit, & bûvoit un sceau de vin. Cette terre fut nommée, terre des Géants, ou des Patagons, & conserve encore aujourd'hui ce nom. Magellan trouva que les côtes de l'un & de l'autre côté du Détroit étoient habitées par des peuples gigantesques.

Or

Or ces Géants passés & présens descendent-ils à votre avis, du même père, que notre race de cinq à six pieds, & que celle de deux pieds & demi? Celle des Géants & la nôtre se sont peut-être mêlées; & les géants des derniers siécles sont des restes de la semence abatardie des premiers. C'est ainsi qu'elle se réveille encore en certaines occasions; & nous donne des diminutifs de la race originaire, qui ne subsiste plus sans mélange en Asie & en Europe, parce que la nôtre plus subtile & plus adroite, & sans doute plus abondante que celle de ces lourdes masses, est venue à bout de la détruire. La race des Nains d'environ trois pieds de hauteur, telle que celle de la Laponie & du pays des Esquimaux, descend-elle de celle de cinq à six pieds; ou cette petitesse pourroit-elle s'attribuer aux pays qu'ils habitent? Mais comme la race naine des Lapons & celle des Esquimaux sont environnées de peuples de la hauteur ordinaire habitant les mêmes climats, n'est-il pas probable, qu'elles ont une origine différente? En 1698 mourut à Londres un petit homme apporté de Dangola sur la côte d'Afrique, qui n'avoit que dix-huit pouces de hauteur. On lui avoit appris à prononcer quelques paroles. Il marchoit quelquefois sur ses deux pieds, mais plus souvent sur les pieds & les mains, comme une bête. Il avoit la tête & le dos de l'homme; les autres parties n'étoient pas si marquées. On montroit à Paris il y a quelques années deux Nains de trois pieds de hauteur au plus qu'on tenoit renfermés dans des boëtes. Ils avoient la tête & la voix fort grosses, la bouche sans dents, & le corps carré.

Le Sr. David Vanderboere Philosophe du dernier siécle, dont les Méditations sur les principes des choses naturelles écrites en Latin furent imprimées à Hambourg en 1678. prétend que la génération des Nains & des Géants ne procéde que de la différence des humeurs; qu'étant plus ou moins denses, elles changent la détermination ou les lignes droites du mouvement du souffre acide & volatil de la semence, qui contient les idées de l'espéce, en s'écartant davantage pour les Géants, & se resserrant au contraire pour les Pigmées. Ce systême pourroit être supportable, s'il ne s'agissoit que de cas rares & uniques : mais comme il se trouve des Nations entières de Géants & de Pigmées, ce sentiment n'est pas soutenable. Je vous avoue d'ailleurs, que je n'entends pas trop ce que l'Auteur veut dire par ces termes d'humeurs plus ou moins denses, & ce que signifie, changer la détermination ou les lignes droites du mouvement du soufre acide.

Pour moi, si je ne craignois de trop avilir l'homme, je dirois que j'en compare les différentes espéces à celles des animaux. Combien y a t-il d'espéces de singes, de bœufs, de chévres, dans les différentes parties du globe de la terre connues de nous ? Combien de sortes de chiens ? Quelle différence d'un petit chien de Boulogne à un dogue d'Angleterre ou de St. Malo, d'un lévrier à un épagneul, d'un barbet a un chien sans poil ? Vous renfermez cependant toutes ces différences sous le genre du même animal, parce qu'elles se mêlent les unes aux autres. Croyez-vous cependant que toutes les espéces de singes & de chiens que nous voyons, descendent de la même tige ? Mais si l'on donne à ces espéces une diversité d'origine, pourquoi n'en admettra-t-on pas de même dans les hommes, puisqu'elle n'est pas moins vraisemblable?

Du passage des hommes de l'eau dans l'air.

Au reste comme toutes les espéces d'hommes marins ne sont pas connues, il est impossible de déterminer celles, dont les diverses races humaines, particularisées par des figures, des dispositions & des qualités propres à chacune, peuvent être descendues. Au moins est il certain, qu'il y a des hommes marins de plusieurs grandeurs & de diverses espéces. Il est constant encore, que ceux qu'on a pris respiroient dans l'air comme dans la mer. Cependant quoique la respiration de l'air leur soit aussi naturelle que celle des eaux, on ne doit pas douter qu'étant subite & forcée, sur-tout lorsque le passage se fait en des climats chauds, la diversité des qualités de l'air & de l'eau qu'ils abandonnent, ne soit très nuisible à l'espéce. Il n'est donc pas surprenant, que les hommes marins pris dans des régions tempérées ou chaudes ayent si peu vêcu, & ayent marqué par leur tristesse l'altération de leur santé. Les hommes nés & nourris dans les plaines, ou dans certains lieux aquatiques, souffrent & meurent bientôt, lorsqu'ils sont obligés de respirer l'air subtil des montagnes; & ceux qui sont nés sur celles-ci se sentent en quelque sorte étouffés, en respirant l'air grossier des lieux bas & marécageux. C'est par la même raison, que les oiseaux ne s'élèvent de la terre, que jusqu'à une certaine hauteur.

Il ne faut point douter au reste, que la nature ne choisisse les tems & les lieux propres à la transmigration des races marines à la respiration de l'air. Or c'est sans contredit vers les Poles & dans les pays froids, que les dispositions à ce passage sont plus favorables, parce que dans ces climats, l'air toujours humide & chargé de brouillards épais dans la plus grande partie de l'année, n'a rien de fort différent de la froideur & de l'humidité des eaux de la mer. Ainsi c'est vraisemblablement de ce côté là, que les races marines ont passé & passent plus fréquemment d'un élément à l'autre. Cependant il peut s'en être terrestrifé dans toutes les parties du globe, à la faveur de certaines dispositions;

comme dans des vallées profondes, où l'élévation & la proximité des montagnes entretiennent un frais & une humidité perpétuels, & où d'épaisses & sombres forêts, ou bien de grandes cavernes, mettroient ces races au sortir des eaux à l'abri d'un air chaud encore incommode à leur poitrine.

Mais il y a plus d'apparence, que les transmigrations des espéces marines ont toujours été, & seront toujours plus fréquentes vers les Poles & dans les pays froids. C'est pour cette raison, que les multitudes innombrables d'hommes, dont les parties méridionales de l'Asie & de l'Europe ont été inondées, sont sorties de ces contrées Septentrionales. C'est encore pour cela, que les mers de ces régions froides sont plus fertiles en poissons monstrueux & en Phocas, que celles des pays chauds, & que les terres y sont plus peuplées d'oiseaux & d'animaux d'une espéce inconnue, que dans les climats plus tempérés. L'air froid & humide de ces régions boréales est plus favorable, comme je l'ai dit, aux animaux dont la mer est peuplée, pour leur passage d'un élément à l'autre.

On objectera peut-être, que si les hommes avoit tiré leur origine de la mer, la tradition de cette origine se seroit conservée parmi eux, aulieu qu'il n'y en subsiste aucune autre, sinon que la terre les a produits. Mais cette tradition même favorise mon opinion. Une seule réflexion suffira, je pense, pour vous en convaincre. Dans quel état croyez vous que les races humaines se soient trouvées au sortir de la mer ? Farouches, muettes, sans raisonnement, elles ont erré long-tems sur la terre & habité les cavernes, avant qu'elles eussent acquis l'usage d'articuler des sons, de les approprier à certaines idées, & de communiquer leurs pensées & leurs connoissances à leurs enfans. Il y avoit long-tems sans doute, que la mémoire des lieux dont les premiers d'entre eux étoient sortis, s'étoit perdue, lorsqu'ils furent en état de s'énoncer, & beaucoup plus encore, quand ils trouverent l'art d'exprimer la parole, & de l'assûrer à la postérité par l'écriture. Il y a des Nations encore si barbares, qu'elles ont à peine l'usage de la parole. Presque tous les peuples de l'Amérique, & de l'A-

Réponse à quelques objections sur ce sujet.

frique, si l'on en excepte ceux qui habitent les bords de la mer Rouge & de la Méditerranée, ignorent jusqu'à ce jour l'art de l'Ecriture.

Que pouvoient s'imaginer des hommes sauvages & grossiers, comme l'étoient encore ceux des premiers siécles après leur sortie de la mer, & quelle pensée plus raisonnable pouvoient-ils avoir sur leur origine, lorsqu'ils furent en état de penser, sinon qu'ils avoient été produits par la terre même qu'ils habitoient ! Il n'y avoit parmi eux aucune tradition, qu'ils descendissent de péres sortis de la mer, parce que ces péres n'avoient sans doute jamais été en état de communiquer à leurs enfans cette connoissance de leur origine. Plusieurs de ces peuples habitoient des Isles, dont ils prenoient les bornes étroites pour celles de l'univers entier. D'autres, quoique dans une terre dont ils ne connoissoient pas l'étendue, n'avoient jamais vû d'autres hommes, que ceux de leur famille ou de leur troupe, & se croyoient, comme les premiers, les seuls habitans de la terre. En cet état pouvoient-ils imaginer rien de plus vraisemblable,

semblable, sinon que le premier d'entre eux étoit né de la terre même où ils étoient.

J'ai trouvé cependant dans l'histoire de Witfict dont j'ai déja parlé, un témoignage aussi singulier de l'origine de ces hommes sortis de la mer, qu'il est naturel & non suspect. C'est à la page 89. où en parlant des Chilinois. ,, On ,, raconte, dit-il, beaucoup de choses ,, fabuleuses de l'origine de cette Na- ,, tion ; car ils disent que leurs ancêtres, ,, & premiers de tous les hommes, if- ,, sirent d'un certain lac. ,, Ce terme Gaulois (issirent) est si expressif, qu'on ne peut jamais rendre mieux cette tradition. Que l'Auteur la traite de fabuleuse tant qu'il lui plaira : au moins n'est-elle pas indigne, à mon avis, d'être transmise à la postérité. {*Tradition des Chilinois.*}

Que si le passage de la respiration de l'eau à celle de l'air est naturel, s'il est prouvé par beaucoup de faits & par des conséquences bien fondées, le retour même de la respiration de l'air à celle des eaux, quoique beaucoup moins ordinaire, ne manque pas non plus d'exemples. J'ai lû dans une relation de votre pays, {*Qu'on peut passer de la respiration de l'eau à celle de l'air. (& vicissim.)*}

qu'un Capitaine Hollandois, nommé (Baker,) montant il y a environ quarante ans un vaisseau marchand appellé l'Hirondelle, & se trouvant sur les cotes de Hollande; un homme marin sauta de la mer dans son bord au milieu de plusieurs matelots, avec lesquels le Capitaine s'entretenoit. Leur étonnement s'accrut, lorsqu'ils entendirent cet homme parler Hollandois, & leur demander en cette langue une pipe pour fumer; ce qu'on lui accorda d'abord. Il étoit couvert d'écailles, & avoit les mains semblables à des nageoires de poisson. On lui demanda qui il étoit. Il répondit, qu'il étoit Hollandois, & que s'étant embarqué à l'âge de huit ans sur un vaisseau, qui avoit péri avec tout l'équipage, il avoit vécu depuis dans la mer, sans sçavoir comment cela s'étoit fait. Cependant cet homme s'appercevant, que le Capitaine faisoit signe aux matelots de se saisir de lui, il jetta la pipe qu'il tenoit, & d'un saut pareil à celui dont il s'étoit élancé sur le vaisseau, il se rejetta à la mer. Le Capitaine & l'Equipage dresserent sur le champ un Procès-verbal de ce fait, qu'ils remirent à l'Amirauté d'Amsterdam aussi-tôt que le vaisseau fut arrivé; & ils en confirmerent le contenu par de nouvelles dépositions.

Ce fait, tout singulier qu'il est, ne paroîtra incroyable qu'à ceux, qui ne sont pas instruits de l'Anatomie du corps humain, sur tout de celle de la poitrine & des poumons, & qui n'ont pas réfléchi sur ce qui se passe à notre égard, lorsque nous sommes encore enfermés dans le sein de nos méres. Nous vivons alors sans respiration. Cette respiration qui ne sert qu'à rafraîchir le sang, & à le porter par les artéres dans toutes les parties du corps pour la conservation de la vie, est suppléée par deux ouvertures, qui répondent aux quatre gros vaisseaux, par lesquels le sang a la liberté en sortant du cœur, de passer d'un vaisseau à l'autre, sans entrer dans les poumons. De ces deux ouvertures, l'une est ovale, & se nomme le, Trou-botal, du nom du Chirurgien qui le premier en fit la découverte il y a peu d'années. L'autre est un canal nommé, Artérieux, à cause de sa construction artérieuse. Il part de la veine cave, passe dans le ventricule droit du cœur au-dessus de l'o-

c c ij

reille droite, & s'abouche avec la veine des poumons. Sa construction est telle; que par des valvules, ou soupapes, elle permet au sang de circuler de la veine cave dans celles des poumons, & empêche qu'il ne rentre de celle-ci dans la cave; ensorte que dans le, fœtus, le sang ne passe point au travers les poumons, & n'entre point dans le ventricule gauche du cœur.

Or ces deux canaux ainsi disposés se desséchent & se bouchent lorsque l'enfant est né, & après que l'air entrant dans les poumons les dilate, & ouvre au sang une nouvelle route plus aisée, dans laquelle il circule pendant le reste de la vie. Ainsi dans les adultes il ne reste ordinairement aucune trace de ces deux ouvertures, qui suppléent à la respiration dans le fœtus. Cependant il arrive quelquefois que ces ouvertures ne se bouchent pas absolument, comme on l'a reconnu en divers corps, dont on a fait la dissection. C'est ce qu'on a remarqué surtout dans des plongeurs fameux, & dans des corps de pendus qu'il n'a pas été possible d'étouffer; ce qui autrefois, & lorsque l'Anatomie n'avoit pas encore été portée au point de perfection où elle est parvenue, étoit attribué à la dureté du larinx de ces misérables. C'est avec le secours de cette conformation, que les hommes marins & les Phocas vivent dans la mer sans respiration. Il n'y a donc point de doute que ce jeune Hollandois, qui avoit vécu dans la mer sans en être étouffé, n'eût de même ces trous encore ouverts, lorsqu'il fit naufrage, & qu'il n'y eût repris l'usage de vivre sans respirer, comme il l'avoit dans le sein de sa mére.

Consultez, Monsieur, vos habiles Chirurgiens, & ceux qui font de fréquentes Anatomies : ils vous diront, que nos corps sont originairement disposés pour vivre sans respiration, comme avec la respiration, & que nos poumons ne font presque rien à notre naissance. Delà vient, que les hommes marins déja âgés dont on s'est saisi, n'avoient point de voix, parce qu'ils manquoient de poumons, qui servent à la respiration de l'air, & que l'air est la matiére de la voix. Peut-être aussi n'avoient-ils pas dans le larinx les dispositions, qui se produisent dans les hommes terrestres, ni dans la bouche celles qui conviennent pour bien articuler & modeler les sons. Les plongeurs que l'Antiquité a vantés, & dont l'Histoire nous a conservé le souvenir, ceux qui font dans les Indes la pêche des perles, & qui restent sous l'eau pendant des heures entières, ceux de notre tems qui ne sont pas en petit nombre, sont des sujets sans doute, dans lesquels les ouvertures dont je viens de parler, n'étoient & ne sont pas entiérement bouchées. Si jamais on se saisit d'un homme marin, qu'on fasse après sa mort l'ouverture de son corps: on trouvera certainement ces ouvertures subsistantes, & point de poumons, ou du moins très peu & flétris.

Il y a même dans tous les hommes une marque impérissable qu'ils tirent leur origine de la mer. En effet considérez leur peau avec un de ces microscopes qu'on a inventés dans ces derniers tems,, & qui grossissent aux yeux un grain de sable à l'égal d'un œuf d'autruche: vous la verrez toute couverte de petites écailles, comme l'est celle d'une carpe. Ajoutez que nous avons plusieurs exemples d'hommes couverts d'écailles visibles; ce qui confirme encore cette origine. Si donc les hommes qui habitent aujourd'hui la terre sont descendus d'autres hommes qui vivoient originairement dans la mer, n'est-il pas probable, ainsi que les observations précédentes en font foi, que quelques-uns d'entr'eux, sur-tout dans leur jeunesse, peuvent recouvrer l'habitude de vivre dans la mer, comme l'ont eue ceux dont ils descendent?

Après cela est-il étonnant, que plusieurs Philosophes Grecs ayent assuré, que l'eau étoit le principe de toutes choses? Thalès, Anaxagore & plusieurs autres ont été de ce sentiment. Anaximénes donnoit cette prérogative à l'air; ce qui revient au même, puisque selon Sorel, l'eau n'est qu'un air condensé, & l'air qu'une eau raréfiée; qu'il y a de l'air dans l'eau, & de l'eau dans l'air, & dans l'un & dans l'autre une matiére terrestre, que le sédiment nous rend visible. Tous ceux qui ont dit que l'air & la terre étoient le principe de toutes choses, ont regardé l'eau comme celui de la génération de tout ce qui a vie, sensitive ou végétative. Homére n'a t-il pas avancé, que l'Océan étoit le pére des Dieux, & Thétis leur mére ; c'est-à-dire, qu'ils étoient sortis du sein des eaux ? La vérité à ses traces dans la Fable même. Ces fictions nous indiquent au moins, que ces hommes mémorables que l'Antiquité a vantés, & dont la barbarie des premiers siécles a fait des Dieux, devoient leur origine à la mer. Elle renferme l'air & la terre ; on peut même dire le feu, lorsque ses eaux sont échauffées par les rayons du Soleil. ainsi elle réunit en elle ce qui peut concourir à la génération de toutes les espéces capables de vie, animaux, arbres & plantes.

Non seulement cette opinion a été adoptée des plus fameux Philosophes des siécles passés ; elle donne encore lieu à plusieurs réfléxions très-concluantes, pour prouver que les hommes ont été tirés des eaux, & leur sont redevables de leur origine. Combien de maladies vos Médecins ne guérissent-ils pas par l'usage de l'eau ? N'a t-il pas été reconnu, comme le reméde le plus prompt & le plus efficace, pour éteindre dans les veines d'un malade l'ardeur d'une fiévre qui le consume ? N'est-il pas avéré, que

de

de deux Coureurs, si le vaincu vient à se baigner, & court de nouveau avec son vainqueur, il emportera le prix de la course? Les fréquentes ablutions ordonnées chaque jour aux Mahométans sont à la vérité des cérémonies de Religion, mais où la sagesse du Législateur & les connoissances ont peut-être aussi beaucoup de part. Quelles guérisons n'opére t-on point aujourd'hui en Angleterre, en plongeant un malade pendant deux ou trois minutes dans une eau très froide? Quelle augmentation de force & de vigueur l'usage de cette immersion ne produit-elle pas dans ceux qui sont en santé?

Les Naturalistes des pays Orientaux, où il est d'usage parmi les personnes aisées d'avoir en leurs maisons des bains particuliers, où les maîtres voluptueux se baignent quelquefois avec leurs femmes, assûrent que dans ces bains d'eau tiéde la génération est presque infaillible. C'est un reméde presque assûré en ce pays là pour avoir de la postérité, que d'y connoître sa femme. Qui peut douter que les bains d'eau chaude n'excitent aux plaisirs de l'amour, & ne favorisent la génération? C'étoit l'objet

dd

que se proposoient les Romains, dans les bains qu'ils construisoient partout où ils rencontroient des eaux. Le Priape trouvé à Aix, en fouillant dans le vieux bâtiment élevé à la source des eaux chaudes de cette Ville, nous marque assez l'utilité qu'on peut retirer de ces bains. C'est sans doute sur ces dispositions heureuses qu'on a remarquées dans les eaux, que vos Poetes ont feint, que Venus étoit née de l'écume de la mer. Ne se sert-on pas encore à présent de bains naturels ou artificiels, pour conduire à la fécondité les personnes dans lesquelles elle trouve quelque obstacle?

En méditant sur-tout ceci, n'a t-on pas lieu de croire, que notre espéce trouvant encore dans l'usage des eaux des secours aux plus importans mystéres de la nature, c'est-à-dire au désir de se perpétuer, à la guérison de diverses maladies, à la conservation de la santé, & au rétablissement des forces abatues, cet élément si favorable pour elle, doit lui être naturel? Si le tempérament s'altére par les maladies, ou s'il s'affoiblit, nous n'avons point de moyen plus sûr & plus prompt pour rappeller la nature à ses devoirs, & pour bannir ses foiblesses, que de la réunir à son principe.

Mais, Monsieur, dis-je en cet endroit, si les races des animaux terrestres venoient des marines, ainsi que vous le prétendez, ne nous appercevrions nous pas encore aujourd'hui de ce passage, & ne verrions nous pas les animaux sortans de la mer fort différens de ceux qui en sont venus depuis long-tems? Oui, répondit Telliamed; vous remarqueriez sans doute cette différence, si vous habitiez les régions où cette transmigration se fait, c'est-à-dire, les pays les plus froids & les plus voisins des Poles, où je vous ai dit que ce passage d'un élément à l'autre devoit avoir lieu plus fréquemment. Encore faudroit-il que vous y fussiez caché long-tems; car vous concevez que les animaux sortans de la mer sont d'abord si sauvages, que tout ce qu'ils voyent ou entendent d'extraordinaire les effraie, les fait fuir & retourner dans leurs abîmes.

Mais si la chose n'est pas pratiquable, l'humeur encore féroce & sauvage de tant de Nations de ces pays froids,

Réponse à quelques difficultés.

& des animaux qu'on y rencontre, doit être pour vous une image de la transmigration encore récente de ces races du séjour des eaux en celui de l'air : c'est une preuve assez sensible du changement qui s'est fait depuis peu en leur état. Vous pouvez remarquer ces traces encore récentes de la naissance sur la terre de diverses races d'hommes & d'animaux dans presque toutes les parties du monde. Ces créatures prises par les Hollandois sur les côtes de la Terre de feu en 1708. qui ne differoient des hommes que par la parole ; celles de forme humaine qu'on trouve, comme je l'ai dit, dans l'Isle de Madagascar, qui marchent comme nous sur les pieds de derriére, & qui sont privées de même de l'usage de la voix, quoique les unes & les autres puissent comprendre ce que nous leurs disons ; ces hommes qui à peine paroissent humains, sont peut-être des races d'hommes nouvellement sortis des flots, à qui la voix manque, comme elle manque encore à présent à certains chiens du Canada. Mais les uns & les autres en acquéreront l'usage sans doute à la suite de plusieurs générations.

Il est vrai que toutes les espéces n'ont pas les mêmes dispositions. Il y a des races de Noirs en Afrique, qu'on n'entend pas encore, ou parce que peut-être ils sont sortis depuis peu de la mer, ou parce qu'originairement cette race est si grossiére, qu'elle ne peut apprendre à articuler les sons avec justesse. Peut-être aussi cela procéde t-il de quelque défaut dans les organes. Ne pourroit-on pas dire, qu'il en est de certaines races d'hommes, comme de quelques espéces d'arbres, qu'il faut enter sur d'aut.es pour les perfectionner? Ainsi d'une race muette & sans esprit, il s'en forme par son mélange avec une autre plus parfaite une postérité très-différente de la tige originaire. Un Auteur Chinois a prétendu, que les hommes sont une espéce de singes plus parfaite, que celle qui ne parle point. Je suis fort éloigné d'adopter cette opinion; mais il est certain, que du commerce de l'homme avec eux il n'aît une race qui a l'usage de la parole. Il en est de même de la conjonction de l'homme avec l'espéce de l'Ours. On trouva il y a quelques années près de Moscou dans la caverne d'un ours qu'on y força, & au milieu de quelques petits ours, un enfant de neuf à dix ans fans aucun langage. Il fortoit vraifemblablement de cet animal & d'une femme. Car fi c'eût été un enfant que l'ours eût enlevé, il auroit eu quelque langage, à moins qu'il n'eût été pris à la mamelle. Il eft même probable, que l'Ours ne l'eût point épargné pendant tant d'années, fi la nature n'avoit parlé en lui.

Si vos contrées étoient moins peuplées d'hommes terreftrifés depuis longtems & civilifés, fi elles avoient des côtes défertes, où la tranfmigration des races au féjour de l'air pût fe faire dans le filence des forêts jamais fréquentées, il y auroit fans doute à portée de vous des exemples de cette premiére barbarie. J'ajoute qu'il y en a eu il n'y a pas longtems, & qu'il y en a même encore quelquefois, malgré les difpofitions peu favorables à ce paffage dans les pays, où les côtes & les montagnes font fi habitées. De combien de monftres trouvés dans vos pays les Hiftoires ne font-elles pas mention ? Ces monftres font-ils des dragons, des ferpens ailés, comme vos livres les dépeignent ? Ne font-ce pas peut-être des animaux échappés de la mer ou portés par les flots jusques dans les terres, que vous ne reconnoissez point encore dans leur figure?

Il n'est donc point étonnant, qu'à cause de la situation de nos contrées, nous ne remarquions point ces premières sorties des animaux marins des lieux aquatiques qu'ils habitent. Qu'il nous suffise d'être les témoins de la rusticité & de la stupidité de ceux, qui peut-être en sont sortis depuis peu de tems, & qui sont à portée de nos yeux. Quelle barbarie ne régne pas encore parmi les races humaines, qui habitent le Groenland ou le Spitberg, les environ du Détroit de David & de la Baye de Hudson? Je ne m'arrêterai point à vous faire remarquer l'extrême différence qui se rencontre entre ces barbares vraisemblablement sortis depuis peu du sein des eaux, & certaines races d'hommes qui en sont venues depuis long-tems: vous en comprenez toute l'étendue. Il faudroit bien des générations, peut-être même un changement de climat, pour les porter au point de perfection, où la nôtre est parvenue. Je suis même persuadé que certaines races, telles que celles des Noirs de quelques cantons de l'Afrique, n'y arriveront pas en cinquante générations, si ce n'est par leur mélange avec d'autres peuples, qui auront des dispositions plus favorables.

Le Sçavant Auteur de (l'Origine des Fables) fait un raisonnement, qui convient parfaitement à ce sujet. ,, Se-
,, lon les traditions du Pérou, dit-il,
,, l'Inca Manco-Guyna-Capac, fils du
,, Soleil, trouva moyen par son élo-
,, quence de retirer du fond des forêts
,, les habitans du pays, qui y vivoient
,, à la maniére des bêtes ; & il les fit
,, vivre sous des loix raisonnables. Or-
,, phée en fit autant pour les Grecs,
,, & il étoit aussi fils du Soleil ; ce qui
,, montre que les Grecs furent pendant
,, un tems des sauvages, comme les A-
,, mériquains, & qu'ils furent tirés de la
,, barbarie par les mêmes moyens. Puis-
,, que les Grecs avec tout leur esprit,
,, lorsqu'ils étoient encore un peuple
,, nouveau, ne penserent point plus rai-
,, sonnablement, que les Barbares de
,, l'Amérique, qui étoient, selon tou-
,, tes les apparences, un peuple assez
nou-

,, nouveau, lorsqu'ils furent découverts ,, par les Espagnols; il y a lieu de croi- ,, re, que les Américains seroient ve- ,, nus à la fin à penser aussi raisonna- ,, blement que les Grecs, si on leur en ,, avoit laissé le loisir. ,, En retournant ce raisonnement, il n'y a point de peuple au monde, auquel il ne puisse être appliqué. Ainsi on peut dire: puisqu'après le Déluge il y a un tems, où avec tout leur esprit les Assiriens, les Egyptiens, les Chaldéens, en un mot tous les peuples de la terre ont pensé aussi peu raisonnablement que les Américains, qui étoient un peuple nouveau, lorsqu'ils furent découverts par les Espagnols; il y a sujet de croire, qu'il y a eu un tems après le Déluge, où toutes les Nations de la terre ont été de même une race assez nouvelle.

Je conçois, Monsieur, dis-je alors à Telliamed, que tout ce qui a vie sur la terre peut tirer son origine de la mer: mais pour établir cette opinion, il vous reste encore une grande difficulté à résoudre. Car lorsque dans ce globle il n'y avoit encore aucunes espéces, peut-être parce qu'elles y avoient été totalement détruites par le feu, comme vous supposez que cela peut être arrivé, comment s'est-il trouvé peuplé sans le secours d'une nouvelle création, ou du moins sans que les animaux y ayent été mis & apportés d'un autre globe, où ils subsistoient déja? Comment cette transmigration a t-elle pû se faire? Ce qui vous semble si difficile, repliqua l'Indien, ne l'est nullement ; & pour vous en convaincre, je vais vous faire voir, que sans le secours de cette création nouvelle, toutes les espéces qui vivent aujourd'hui dans ce globe pourroient y renaître naturellement, quand elles y auroient été éteintes.

De la propagation des espéces par les semences.

Pour entendre cette économie de la nature, figurez-vous, Monsieur, que toute l'étendue de l'air que nos yeux découvrent ; les globes opaques qu'ils apperçoivent, & ceux qui leur sont inconnus ; les parties même des globes enflammés ou lumineux, qui ne sont pas encore pénétrées par le feu ; que tout cet espace, dis-je, est rempli des semences de ce qui peut avoir vie dans l'étendue de ce tout. Ajoutez encore, que ces semences sont si déliées, même pour les animaux dont l'accroissement est le plus grand, & qui parviennent à la grandeur la plus énorme, qu'il est impossible de les appercevoir avec le secours des meilleurs microscopes. Quelques Auteurs ont même prétendu, que les semences originelles des créatures vivantes sont petites, qu'elles sont indivisibles, & par conséquent impérissables dans leur essence. Entr'autres preuves qu'ils en rapportent, ils disent que quand on fait brûler de la semence de pavot ou de palmier, quoique dans le feu le plus long & le plus ardent, si la cendre qui en reste est semée sur la terre & arrosée, il en renaît des pavots & des palmiers.

Observez encore, que l'air que nous respirons, les alimens que nous prenons, l'eau que nous bûvons, sont tellement remplis de ces semences, qu'elles en font partie. Que cette constitution, & ce mélange soient établis par les loix invariables de la nature, ou par celles du Créateur, cela m'est égal. Il me suffit, que telle est l'essence de la matiére. Mes raisonnemens sur toutes les connoissances que j'ai acquises jusqu'à ce jour, ne découvrent rien de plus vraisemblable.

Or ces semences ainsi répandues dans l'étendue de ce vaste univers, sont cependant en plus grande abondance autour des globes opaques, dans les airs grossiers & dans les eaux, que dans les espaces immenses dont ces globes sont séparés, parce qu'elles n'y sont point arrêtées par les mêmes arrangemens, qui les retiennent autour des globes. C'est ainsi à peu près que la limaille de fer s'arrange & se maintient autour d'une pierre d'aiman qui l'attire. Dans cette position, ces semences sont toujours à portée de se prêter aux opérations de la nature. Il n'y a point d'instant, où quelques-unes d'elles ne reçoivent des dispositions, qui les rendent plus capables de parvenir à la vie.

Comment ces semences deviennent fécondes.

Ce qui se passe à la génération des animaux par les espéces, est l'image de ce que la nature seule opére en ces semences dans le sein des eaux, où elles sont répandues. La génération de l'homme & de la plûpart des animaux par leurs espéces, disent les plus Sçavans Anatomistes, arrive de la maniére suivante.

Lorsque le mâle est parvenu à un certain âge, les semences de son espéce se réunissent en lui par l'air qu'il respire, & par les alimens dont il se nourrit, suivant une loi générale de la nature, qui veut que chaque chose cherche à s'attacher à son espéce. Alors ces semences sont préparées à la fécondité dans les vaisseaux du mâle, par les dispositions que la puberté y a mises. Si avec un bon microscope vous examinez la semence encore chaude, qui sort des mâles dans cet état de maturité, vous la verrez composée de petits animaux ayant la forme de poissons qui s'agitent & se remuent, & qui après que cette semence est refroidie, perdent le mouvement, & sans doute la vie qu'ils avoient acquise dans ces vaisseaux. De là il est évident, que ces semences reçoivent dans les vaisseaux du mâle une disposition à la vie & à leur augmentation, qu'elles n'avoient pas, lorsqu'elles y ont été introduites.

Ces vaisseaux sont donc une premiére matrice, où elles sont préparées à un plus grand accroissement, qu'elles doivent recevoir dans une seconde, c'est-à-dire, dans celle des femelles. En effet si parvenues à ce premier état, elles sont versées dans cette seconde matrice, elles y prennent une nouvelle étendue beaucoup plus considérable, & y acquiérent des forces, à la faveur desquelles elles sont poussées au dehors, ou dans l'eau, ou dans l'air, selon que les espéces respirent l'un, ou habitent dans l'autre. Alors elles se trouvent en liberté de chercher elles-mêmes une nourriture plus forte ; & c'est par le secours de ce nouvel aliment, qu'elles parviennent à la grosseur propre à leur espéce, & deviennent capables de servir elles-mêmes à la continuation de cette génération successive.

L'opération de la nature seule sur ces semences dans le sein des mers s'exécute à peu près de la même maniére. Les eaux dont les globes sont environnés, deviennent en certain tems & par certaines dispositions propres à la fécondité. C'est là cette premiére matrice, dans laquelle les semences reçoivent ce commencement d'étendue & de mouvement, qu'elles acquiérent dans les vaisseaux du mâle. Votre Moyse a expliqué en grand Philosophe cette préparation des eaux à la fécondité des espéces qu'elles renferment, lorsqu'il dit, qu'au commencement l'esprit de Dieu se promenoit sur les eaux, & dans un autre endroit, qu'il les couvoit; c'est-àdire, que par la chaleur du Soleil il disposoit à la fécondité les semences qui y étoient contenues, en commençant à les développer.

L'effet que produit cet esprit de vie sur les semences contenues dans les eaux est justifié par ce qui se remarque dans une goutte d'eau, qu'on aura prise avec la pointe d'une aiguille d'un vase, où quelques herbes auront trempé pendant deux ou trois jours. A la faveur du microscope, on découvre dans cette goutte d'eau un nombre prodigieux d'animaux, même d'espéces différentes. Car chaque nature d'herbe en produit de nouvelles. On en voit de forme humaine, comme des enfans au maillot, leurs bras étant sans doute encore trop déliés pour paroître. Les uns vont en ligne droite, & avec vîtesse; les autres se promenent en rond, & lentement. On les voit croître, & leur parties se former considérablement d'un jour à l'autre.

Or permettez-moi de vous faire observer ici en passant, que les animaux qu'on voit vivre dans cette goutte d'eau, étoient les fils de l'air, si j'ose me servir de ce terme, les semences qui les ont produits étant attachées aux herbes, qui avoient crû dans l'air. Cette particularité jointe à ce qu'on remarque dans la semence des animaux terrestres, prouve que toutes sont faites pour vivre dans l'eau, comme dans l'air. L'extension, & ce premier sentiment de vie qui survient à ces semences, est le même effet que produisit l'esprit de Dieu dont parle Moïse, sur les semences contenues dans les eaux, qui couvroient d'abord le globe de la terre. Ce sont ces mêmes dispositions, qu'elles acquiérent daus les vaisseaux du mâle, avant que d'être versées dans la seconde matrice, où ces commencemens de vie s'augmentent jusqu'à un certain point. Ces semences ainsi préparées à la vie dans les eaux de la mer, comme dans leur premiére matrice, trouverent ensuite dans la diversité des dispositions, que ses eaux diminuant sur le globe produisoient continuellement dans ses fonds, c'est-àdire, dans des limons gras, ou dans d'autres matiéres encore plus favorables, une seconde matrice,

trice, qui suppléa à celle des femelles. Ce fut dans ces limons, qu'à la faveur d'un dégré convenable de chaleur, elles acquirent une augmentation de grosseur & de force assez considérable, pour en sortir, & pour aller chercher dans les eaux une suite de nourriture.

Je crois, Monsieur continua notre Philosophe, avoir suffisamment prouvé la vraisemblance du système, qui fait descendre les animaux terrestres des marins, & qui établit la formation naturelle de ceux-ci dans la mer, par les semences dont ses eaux sont empreintes; soit qu'on suppose ces semences éternelnelles, ou qu'elles n'éxistent que par une création, que vous admettez. Après cela il est aisé de concevoir, comment peut se faire la génération de toutes choses vivantes, sensitives & végétatives dans un globe; soit qu'il se repeuple, ou qu'il n'ait point encore été peuplé. Du reste que ces semences éxistent de tout tems, ou qu'elles ayent été créées dans le tems, ces deux opinions conviennent également à mon systême. Si j'ai paru d'abord défendre la premiére, c'étoit uniquement pour vous faire connoître, qu'elle n'étoit pas absolument destituée de fondement.

Conformité de ce système avec la Genèse.

Car observez, s'il vous plaît, que vos livres sont d'accord avec moi sur la formation du globe, & de tout ce qu'il renferme d'animé. Ils marquent tous les états successifs, par lesquel j'établis que la terre a passé, avant que d'arriver à celui où nous la voyons. Ils conviennent qu'elle n'étoit au commencement qu'une masse informe couverte d'eaux, sur lesquelles l'esprit de Dieu étoit porté: que ces eaux diminuerent par la séparation qui s'en fit, & parce qu'une partie fut transportée en d'autres lieux: que par cette séparation il parut une terre d'abord aride, qui fut ensuite couverte de verdure: qu'après cela elle se peupla d'animaux; & que l'homme fut le dernier ouvrage de la main de Dieu, qui précédemment avoit fait tout le reste. Or c'est là précisément ce que je pense, & ce que je vous ai expliqué. Le terme de six jours marqué dans vos livres pour la perfection de tous ces ouvrages est métaphorique, comme vous devez le penser; il ne peut pas même désigner le tems que la terre employe à tourner six fois sur elle-même dans son cours annuel autour du Soleil, puisque, selon ces livres mêmes, le Soleil ne fut créé que le quatriéme jour. Les Persans ont un terme particulier, pour exprimer les journées dans lesquelles Dieu a créé le monde, selon la tradition des anciens Mages. Mais comme ils ne croyent pas que ces jours ayent été consécutifs, ils ont placé ces six tems en différens mois de l'année; ils ont même attribué à chacun cinq journées.

Vous comprenez encore, continua Telliamed, que ce qui est dit dans le même endroit de l'usage pour lequel Dieu créa le Soleil, la Lune & les Etoiles, ne doit pas non plus être pris à la lettre. Si le Soleil éclaire notre globe, il ne sert pas moins à l'échauffer, & a rendre la terre féconde; il ne rend pas moins les mêmes services aux autres Planettes de son tourbillon. A l'égard de la Lune, outre qu'elle n'est point lumineuse par elle-même, & que par cette raison on ne peut l'appeller proprement un luminaire, si elle donne quelque lumiére à la terre dans l'absence du Soleil, cela n'arrive après tout que pendant la moitié de

f f ij

l'année ; du reste elle reçoit le même office de la terre. Les étoiles auroient un objet bien foible & bien petit, si elles n'avoient été formées que pour apprendre aux hommes la connoissance des tems. Ils n'en apperçoivent même que la moindre partie. A quoi serviront celles, que la foiblesse de leurs yeux ne permet point de découvrir? De quelle utilité ont été à leurs péres celles qui ne se sont montrées que depuis peu? Quelle nécessité y a t-il eu pour leur plus grand avantage, que d'autres ayent disparu? De quoi pouvoient leur servir autrefois les satellites de Jupiter, & ceux de Saturne avec son anneau, dont ils ont si long-tems ignoré l'exiftance? C'est trop d'ignorance ou de présomption aux hommes, de se persuader que les étoiles n'ont été créées, que pour leur utilité, tandis surtout qu'elles leur sont si inutiles. Il seroit encore plus absurde de croire, qu'elles ont été faites seulement pour leur plaisir. Que penser donc de raisonnable sur cette article? Qu'elles sont destinées à élever l'homme vers le Créateur, & à lui annoncer sa gloire & ses merveilles? J'en conviendrai facilement. Mais comme elles ont cela de commun avec toutes les autres créatures, il faut nécessairement convenir, que comme elles, elles doivent encore avoir été créées pour une autre fin qui leur soit propre, & par conséquent avoir un autre usage.

C'est mal juger de ce vaste univers, de ne lui attribuer qu'une fin aussi bornée, que l'utilité de l'homme. Les vûes de Dieu sont aussi étendues, & aussi incompréhensibles que lui même. Marquer un commencement à ses ouvrages, ou les condamner à l'anéantissement, c'est vouloir trouver une mesure & une fin à celui qui n'en a aucune. C'est ce principe qui n'en a point, qui est celui de toutes choses, & de cette infinité de globes dont nous sommes environnés. L'homme est dans celui que nous habitons, l'image la moins imparfaite de cet Esprit éternel & infini. D'autres globes peuvent en avoir de plus excellentes. Lorsque ces images s'effacent dans un, elles renaissent dans un autre, peut-être avec plus de perfection. Si un Soleil s'éteint, il est remplacé par un nouveau. Si un globe semblable au nôtre s'embrase, & que tout ce qu'il renferme de vivant y foit détruit, de nouvelles générations le remplaceront en un autre. Les Soleils, les globes habités, ceux qui font prets à le devenir, fubfifteront à jamais dans les viciffitudes mêmes qui paroiffent les détruire. Cette perpétuité de mouvement dans l'univers, ne détruit ni la création, ni l'éxiftance de la premiére Caufe : au contraire elle la fuppofe néceffairement, comme fon commencement & fon principe. Si je veux porter mes idées au-delà, elles fe perdent, ainfi que la force de ma vûe meurt dans le nuage, qu'elle cherche à percer.

(Hec carneades agebat, non ut Deos tolleret ; quid enim Philofopho minùs conveniens : Sed ut Stoïcos nihil de Diis explicare convinceret.)
(Cic. de Nat. Deor. lib. 3.)

Le Philofophe Indien finit ici les difcours philofophiques qu'il m'avoit promis : Il m'exhorta à me rappeller tout ce qu'il m'avoit dit pour appuyer fon fyftême, en m'affûrant que plus je réfléchirois fur fes raifonnemens plus je les trouverois fondés en preuves, & appuyés sur des faits incontestables : je n'ôsai pas lui faire sentir de nouveau jusqu'à quel point ses idées systématiques m'avoient surpris, je me hâtai de repliquer le plus obligemment qu'il me fut possible, aux nouvelles assurances d'amitié qu'il me donnoit & aux sentimens de reconnoissance avec lesquels il me répéta, qu'il alloit partir, pour tous les services que je lui avois rendus. Nous nous embrassames avec cordialité. Il partit le lendemain.

FIN.

ADDITION

A LA PAGE 123.

OR ces Géants paſſés & préſens, deſcendent-ils à votre avis du même pére que notre race de cinq à ſix pieds, & que celle de deux pieds & demi, &c.

NOTE.

Cette queſtion que l'Auteur repéte encore un peu plus bas, eſt impertinente. Outre l'incertitude, ou le fabuleux des faits qu'il rapporte, on voit tous les jours deux Champs voiſins, quelquefois contigus, produire dans la même eſpéce de grain des différences très-marquées, ſoit dans la hauteur de la tige, ſoit dans la couleur ou la figure du grain. Cette différence ſe remarque ſur-tout dans certaines fleurs qui ſelon la différence du ſol, changent, & dégénerent au point de n'être pas reconnoiſſables, ne riroit-on pas d'un homme, qui sur ce fondement entreprendroit de nous persuader, que ces fleurs ou ces grains ne sont pas de la même espéce?

ERRATA
DU
TOME PREMIER.

CHiffre omis de la page 112. jusqu'à celle de 121. mais il n'y a point d'interruption dans le corps de l'ouvrage.

www.ingramcontent.com/pod-product-compliance
Lightning Source LLC
Chambersburg PA
CBHW071943160426
43198CB00011B/1518